欲望問題

人は差別をなくすためだけに生きるのではない

伏見憲明
FUSHIMI Noriaki

ポット出版

欲望問題◉目次

差別のない、自由な社会を目指して――

1章

「差別問題」から「欲望問題」へ

少年愛者の「痛み」

私は二十八歳の同性愛者です。というか、同性愛ではあるのですが、大人になる前の少年が好きなのです。けれど、実際には少年との性行為を行ったことはありません。それがいけないことだというのはわかっていますから、自分で必死にその欲望を抑えています。しかし、もうそれも限界に達しているのです。なんとかできないものかと、成人したゲイの男性と関係を持とうとしたこともあるのですが、そうした相手ではまったく興奮することができず、結局、行為は成り立ちませんでした。最近では、ふと気がつくと、街で好みの少年のあとをつけていたり、もう少しで声をかけそうになっている自分にハッとします。それと同時にぞっとします。いったい私はどうしたらよいのでしょうか。なんとかならないものでしょうか。本当にもう子供に手を出してしまう寸前なのです……。

これは、以前、鈴木太郎さん（仮名）という読者の方からもらったメールです。プライバシーの問題があるのでアレンジして引用していますが、創作ではありません。このメールを読んでぼくはため息しか出ませんでした。彼の欲求をどうにもすることができない。どうしたって肯定することができない。彼は自分の欲望を実現することが犯罪になることもわかっているし、それが対象となる少年に深い傷を与えるかもしれないこともよく認識している。その上で、自分の抱えた苦痛をなんとか取り除けないものかと願っているのです。もはや心の叫びとでも言っていい彼の「痛み」が、行間からひしひしと伝わってきました。

こうした嗜好、指向に対して、多くの人は「それはいけないことだ、そんなことをやったら犯罪者だ」と、簡単に自分と切り離して断罪するわけですが、ぼくにはそんな割り切りはできません。いったい自分と彼にどれほどの違いがあるのだろうか、と考えてしまうからです。振り返れば、ぼくも小学二年生の男子の性器を愛撫したり、からだをまさぐったことがあります。もっともそのときはぼく自身も小学二年生でしたが。でも、当時も、現在の性的欲望につながる情緒がその行為の中にあったと思い出します。それから、中学一年生のときに本格的な性の芽生えとともに初恋もしていますから、そのとき好きだった男子は十三歳か十四歳だったわけです。その彼には半ば無理矢理キスもしているので、もしぼくが成人だったら確実に強制猥褻、淫行です。

今のぼくは三十歳前後くらいが性的な好みになりますが（笑い）、かつての自分の欲望を思い返すと、少年愛は自分と地続きです。たかが発情する対象の年齢幅が十五〜二十歳くらいズレているにすぎません。そのことは、ゲイだけにかぎらず、ストレートの人も同じだと思います。あなたも、小学生や中学生のときに性的な行為をしたかもしれないし、その年代の相手に恋愛感情や性的欲求を抱いたことがあってもまったく不思議ではない。

昨今、日本でも「性犯罪者」という言葉がよく聞かれるようになってきました。子供をターゲットにした性犯罪が社会問題としてクローズアップされています。ぼくもそうした凄惨な事件で手をかけられた被害者のことを思うと、胸がきしみます。犯人に対して激しい怒りもおぼえます。しかし、彼らのことを憎んだり軽蔑するだけでは気持ちがどうも収まらない。

性犯罪を犯した者は、刑期を終えて出所しても、また同様の犯罪を犯す率が高いということで、なんとか対策をとらなければならない、という世論も高まってきています。イギリスでは、小児愛者に対して対応が厳しく、児童ポルノサイトにアクセスしたり、画像をダウンロードするだけで、罪になるそうです。

精神科医の針間克己氏は次のように述べています。

……英国において、性犯罪者への対応は、有罪判決を下し、懲罰を与え、レッテル張りするだけ、というものではありません。エビデンスに基づいた、中身の濃い治療プログラムが行われています。

……〈中略〉……

そのグループセラピーは、男女2名のセラピストが、約10名弱の性犯罪者を対象に認知行動療法の理論に基づき行うものです。そこでは、認知のゆがみの是正、被害者への共感性を高める、正しい性知識をもつ、性犯罪を起こす自分自身のパターンを知る、攻撃的な感情のコントロールを覚える、再犯のリスクになる要因を考える、などが治療の目標になります。（『季刊セクシュアリティ』No・24、2006年1月）

針間氏は実に精神科医らしく、そうした性的欲望の病理化と「治療」という方向性を前向きに、肯定的に評価しています。

治療効果については、未治療群との比較がなされています。その結果、統計的にはっきりと有意に、グループセラピーの治療効果が示されています。この治療はもちろん、新たな性犯罪を防ぎ、新たな被害者を生み出さないためになされるものですが、それだけではありません。性犯罪を犯したものに対しても、今後よりよい人生を歩めるように援助するためになされるものです。（同誌）

これはエッセイの一節ですので、針間氏の考え方の全体像はわかりませんが、ぼくには、こうした見方は少し楽観的だと思えます。ケースによっては、「治療」は、社会の側に安心を与えるための行為にすぎないのではないか、という疑念を捨てられません。もちろんぼくは、こうした取り組み方しか今のところないという意味で、英国のプログラムを支持します。それ以外にできることがないからです。けれど、それで、鈴木さんのような本質的とも言える嗜好、指向自体が、変更されるとは到底思えません【注1】。

異性愛の人々なら、少数派は何か問題があって「正常」でない性の傾向にねじ曲がってしまったのだ、だからそれを「治療」で本来あるべきはずの状態、つまり「正常」な性に戻せるはずだ、と考えるかもしれません。しかし、ぼくは、自分と性的対象の年齢が少し異なっているだけの少年愛者が、セラピー程度のことで、セクシュアリティを変更できるとは考えにくい。

ぼく自身十代の頃、自分の同性愛を異性愛という「正常」に戻そう、と努力したことがあります。そのほうが生きやすいし、社会や家族の「期待」に添うからです。しかしそれが結局、空しい努力にすぎなかったところから、解放運動の文脈に向かった経緯があります。セクシュアリティ、性的欲望は、偶発的に、自分に胚胎するものだという実感があります。異性愛の欲望だって同性愛にならなかったという意味で、ぼくに言わせれば偶然の結果です。フケ専だって、デブ専だって、ロリコンだって、萌え系だって、巨乳好きだって……みんなそういうものではないでしょうか。それぞれ本人の実感の中では、選択的なものではなく、自然にそうなっていた、としかいいようがない。生物学的な作用であろうが、社会の刷り込みだろうが、本人にとっては偶然の産物であることは間違いない。そして、それがちょっとやそっとのことで恣意的に変更できないことは、同性愛の例を考えても明らかでしょう。そんなものが簡単に変わるのなら、誰もマイノリティとして社会的な不利益を被ったりしません。

かつてはぼくのような、成人男性に向かう同性愛も、病理の一つとして「治療」の対象だった歴史があります。イギリスではむかしからそういうことが盛んのようで、英国のゲイ映画『モーリス』に、たしか催眠術だったか電気ショックだったかで「治療」をしようとしたが結局だめだった、というエピソードが挿入されていました。

そういう病理化されたセクシュアリティを逸脱の文脈ではなく、ライフスタイルの文脈にいかに捉え返すか、が初期の同性愛の解放運動の目標でした。そしてその成果として、同性愛は精神医学の対象からはずされることになりました。でも、それはアメリカでもたかだか七〇年代になってからのことですから、それ以前なら、今の小児愛者などとぼくのような同性愛者は同じ扱いを受けていたわけです。生きる時代が数十年違えば、また同性愛を刑罰の対象にする国に生まれていたら、犯罪者として扱われていた（現在でもそういう国は存在します）。

だから、自分自身のセクシュアリティの切実さを考えたとき、例えば少年愛の人も、「治療」といった行為で「正常」に戻るとは想像できないし（それだったら同性愛だって矯正できるでしょう）、それでその人が幸せになるとも思えない。せいぜい、実際の行動に移すことへの自主規制がかかりやすくなるということだと理解します。その「せいぜい」は社会の側からしたら重要な変化ではありますが、当事者の苦悩が軽減されるとは思えません。

それで、先のメールをくれた鈴木さんに、ぼくがなんと返信したかというと、これが自分でも情けないくらい陳腐な言葉の羅列でしかありませんでした。「つらいお気持ちはわかりましたが、ぼくには何も言うことができません。ただ我慢してください、としかアドバイスのしようがないのです。なぐさめにもならないでしょうが、例えば、同じ悩みを持つ仲間と胸襟を開いて話してみるとか、少年愛の同人誌に参加してみるといったことを、とりあえずしてみたらいかがでしょう……」。

少年愛の同人誌を持ち出したのは、鈴木さんからメールをもらう少し前に、偶然、あるゲイバーで、少年愛の同人誌をやっている人たちと隣り合わせたことがあったからです。彼らはお酒のせいもあったでしょうけど、とても明るいノリで、「本当にやっちゃったら犯罪になるので、漫画や小説に願望を描いて楽しむことに止めています」と話していました。その折にはそういう嗜好、指向の人たちもいるんだ、くらいにしか思わなかったのですが、もしかしたら彼らも内心、鈴木さんのような激しい葛藤を抱えていたのかもしれません。

友人のゲイが、ある少女に対する暴行殺人事件の報に接して、「本当にゲイくらいでよかった」とほっとしたようにつぶやいたことがあったのですが、ぼくもそれに深く共感しました。もし自分の欲望の対象年齢があと十五歳低ければ、自分はいったいどうなっていたのだろう、と。それは、ぼくには紙一重の差にしか思えないのです。たったそれくらいの違いで、いま、ぼくは自分の欲望のあり方を世間様に人権問題として訴えることができ、幼い子供に欲望を抱いてしまう人々は犯罪者として断罪される。なんだかすごく理不尽のようにも感じます。

鈴木さんからはやはりそれ以来、メールは来ませんでした。ぼくに相談しても無駄だということがわかったのでしょう。けれど、ぼくの胸の奥にはいまでも彼の「痛み」が消せないでいます。おかげで、性犯罪が起こる度に、被害者への深い同情とともに、犯罪者の痛ましさに共振せずにはいられないのです。あそこにいたのは自分だったのではないか、と。

ずいぶん前にアメリカのゲイ解放運動の中でも少年愛者のことをどうするのかが議論になったと聞きます。その結論については追っていないのですけれど、さすがにそうした嗜好、指向の人々が公にゲイ解放運動の前面に出ていることはないように見えます。日本でも性的少数者のパレードで少年愛者のフロートが出るということはありません。子供への性的嗜好に対しては、性の多様性を求めるぼくらのムーブメントでさえ一線が引かれている。LGBT（レズビアン、ゲイ、バイセクシュアル、トランスジェンダー）と総称される運動の当事者に、小児愛者の存在は白々しいほどに想定されていない。

相手に暴力を加えたり、死に至らしめたり、年少者の心に傷を残すような行為は認めない、というのはこの社会の原則でしょう。そうしなければ社会を担う次世代を育めないし、子供たちの可能性をつぶしてしまうことになる。「弱者」としての子供も守れない。それゆえその禁止は徹底せざるをえないでしょう。だから、ぼくは少年愛に社会的認知を、と主張しようとは思いません。ただ、自分の中にどこか後ろめたさのような感情が拭えない。線引きのこちら側にギリギリ入った自分に安心すると同時に、彼らの「痛み」をどうすることもできない悲しみに似た感情が残ります。

差別というくくりへの違和感

ぼくは、もともと自分の問題に関して「差別問題」というくくりをすることに微妙な違和感がありました。その拭えない感覚がどこから来たのかを、少し、自分の歩みをたどりながら振り返ってみたいと思います。

もちろんぼくは二十代の頃から同性愛の運動に関わって、自分たちの立場を差別の文脈に置くべくいっしょうけんめい努力してきました。九〇年代になるまでは、なにせ同性愛はセックスにまつわることであり、笑いの対象でしかなかったので、「マジメな問題」であることを認めさせるのがまず一苦労だったわけです。そうした偏見は今でもそこかしこにありますが、当初は、とにかく被差別カテゴリーにエントリーすることが目標だったように思い返します。

「どれだけ差別されていたか自慢」みたいな話しは好きではないのですけど……二十年前はまだ、フェミニストの上野千鶴子氏でさえ、こんなことを堂々と述べていたくらいなんです。

……私は、性に内在するヘテロ志向性を重視する。そしてこの見地からホモセクシュアルを「差別」する。
種は、繁殖のためには異質《ヘテロセクシュアル》なものとの交配によるほかないという逆説を、人類におしつけた。だから同性《ホモセクシュアル》どうしのカップルを、法律は決して夫婦と認めないし、因循な法同様私じしんも、ホモセクシュアルは多様で自然な愛のかたちの一つにすぎないという、ものわかりのよさそうな意見に与しない。（『女という快楽』１９８６）

上野氏はすでにこの発言を真摯に自己批判しています。自分が「差別」したいほど憎かったのは、女性嫌悪的な男性同士の連帯であり、そうしたホモソーシャルな関係とホモセクシュアルとの区別をつける資料や考えが当時なかったために犯した過ちだ、と。ご本人が悔い改めていることを蒸し返して書くのはどうかとも思いましたが、二十年前にゲイたちが置かれていた状況が、もっとも革新的な人々においてさえ、偏見と侮蔑にまみれていたことの証左として取り上げました。ぼくらは性差別と闘う女性研究者にまで差別され、差別問題を論じた本の中であからさまに《「差別」する》と活字で書かれても、反発もしない存在だと思われていたのです。ぼくは笑いのある反差別運動を信条としてきたので、これまでこういう言い方はしませんでしたが、あの頃の「痛み」は、個人的な感情としては、ゲイにもミソジニーがあるということで相殺されるような水準ではなかった。すでに被差別者としての席が用意されていた人にはけっしてわからないだろうという思いもある。しかし、自身の「痛み」をできるだけ特権化しないで表現するのが、伏見憲明のゲイリブでした。

これもよく例に出すことですが、ぼくが最初の本の企画を出版社に持ち込んだときには、編集者に「初めて言葉を話すゲイを見た」と言われました。その人はフェミニズム本を担当されていた方で、差別問題や社会運動にセンシティブなタイプだったにもかかわらず、同性愛に関してはそのような認識しかなかったのです。ほとんどの人が、ゲイとかホモとかいうと、わかりやすく変態とか、女性的で面白いことを言って笑わせる人、くらいの認識でした。あるいは、女嫌いの、究極の女性差別者であると。しかし、誤解されると嫌なのですが、上野氏に対してもその編集者に対しても、ぼくは怒りを感じたことはなくて、上野氏の先の文章を初めて目にしたときには、学術書に同性愛のことが書いてある、なんだか認められているみたいで嬉しい！と錯覚したほどです（笑い）。いま思えば失礼きわまりない物言いなのですが、それでもちゃんとした本で同性愛に言及されていることが嬉しかった。それくらい同性愛という事柄は公的な領域からは排除されていて、「変態性欲」と笑いの領域に囲い込まれていました。

日本でも七〇年代末からゲイの反差別運動は少しずつはじまって、九〇年代の初頭に初めて、同性愛差別は司法の場に持ち込まれました。東京都の施設が同性愛者の団体による利用を拒否したことで、当該団体が都に訴訟を起こした〝「府中青年の家」裁判〟と呼ばれる件です。このことによって初めて、同性愛は公領域で語られることとなりました(裁判は原告「動くゲイとレズビアンの会」の勝訴で決着)。以来、同性愛の問題は、曲がりなりにも「差別問題」のフィールドにエントリーし、人権という盾を得たのです。

また同時期に、メディアがさかんにゲイをカルチャーとして取り上げたことで、社会に流れる同性愛に関する情報の質と量が大きく変わりました。九〇年代初頭に、雑誌・新聞などが盛んにゲイやレズビアンについて話題にし、「同窓会」といったテレビドラマまでもがゴールデンタイムに放映された現象を、ぼくは「ゲイブーム」と呼んでいます。それは、レズビアン&ゲイの側のアクションというより、「やおい」と呼ばれる漫画を嗜好する少女たちのマーケットパワーや、海外の性的少数者のムーブメントの影響、バブル期の社会の「他者」を発見しようという好奇心が作用して、主にメディアの側がセッティングしたものでしたが。

そうした動きの相乗効果によって、同性愛は一般的な認知度を少しずつ高め、「差別問題」として認められるようになっていきました。自己のありようを否定する傾向が強かった当事者たちも、自己肯定感の水位を高めていきました。それに伴ってネットワークも広がり、九〇年代末になると、インターネットの普及によって加速的に情報空間におけるコミュニティが成立したといっていいでしょう。その間の変化はあまりにも激しくて、当初から関わっていたぼくでさえも、現在では、九〇年代前半の感覚を思い出すことが難しいほどです。

同性愛差別というのは、見た目とか戸籍のようなわかりやすい徴がないため、また性的欲望というのははっきりしているようで境界があいまいなものですから、自分で自分のありようを受け入れづらいという傾向があります。性的欲望は行動しないかぎり自分の内面の現象にすぎないので、人に指摘されないし、自分自身でもごまかしやすい。部落差別みたいに親兄弟と被差別記号を共有しているわけではなく、また、フェミニズムのように、女というすでに社会内で想定された存在でもなかった。だから、まず、自分に同性愛の指向がある、自分が同性愛者だという認識を持つこと、言い換えると、自身へのカミングアウトが最初の障壁になります。忌むべき存在であるホモやオカマであることを受け入れること、それがまず本人にとって大変で、それゆえその事実から目を背けやすい。つまり往生際が悪くなります(笑い)。

さらに、それを受け入れたとしても、自分がどう生きていくかというところで、家族の価値観との軋轢が生じてしまう。親はやはり子供がふつうに結婚して孫をつくって……というライフコースを望みますから、自分を誰より愛してくれた親を裏切ることになる。いまなら、同性愛者と親の対立は、子供の自立や親の子離れの問題の一類型だと言えますけど、かつてはオールタナティブな選択だと主張できる状況ではありませんでした。社会に同性愛をライフスタイルとして生きる道標はほとんどなかったからです。だから、ゲイである息子は、自分が自分の欲望に従って生きることは、自分を誰より愛してくれる身近な人たちを苦しめることになると、ずいぶん自分を責めなければなりませんでした。同性愛を肯定する言葉がまったく流通していない状況では、自分自身の存在すら呪わざるをえなかった。そして、同性愛者も家族的な価値観の中で育ってくるわけですから、その欲望に気づいたとき、自分の内部も、それまで抱いてきた価値観との間で引き裂かれてしまう。

そうしたところに生まれてくる感情は、自身の欲望への絶望と、同じような欲望を持った人間に対する嫌悪です。被差別集団と言われるものにはそうした同族嫌悪のような情緒はつきものですが、同性愛の場合、「ホモフォビアhomophobia」と言って、それはとくに強い傾向があると思います。ホモフォビアは社会の中にあるだけでなく、それは当事者の心にも濃厚に映し込まれています。三島由紀夫は戦後すぐに発表された作品『仮面の告白』の中で、同性愛者が自分の欲望と向き合うことの困難さを、主人公に託してこう表現しています。


戦争が勝とうと負けようと、そんなことは私にはどうでもよかったのだ。私はただ生れ変りたかったのだ。

…〈中略〉…

私はその写しを自分の手にうけとって、目を走らせる暇もなく事実を了解した。それは敗戦という事実ではなかった。私にとって、ただ私にとって、怖ろしい日々がはじまるという事実だった。その名をきくだけで私を身ぶるいさせる、しかもそれが決して訪れないという風《ふう》に私自身をだましつづけてきた、あの人間の「日常生活」が、もはや否応《いやおう》なしに私の上にも明日からはじまるという事実だった。(『仮面の告白』1949)

いまやこの小説が三島の私小説だと言っても問題はない時代になったのだと思いますが(ぼくには『仮面の告白』はわかりやすい青春小説に読めるのですが)、彼は戦争が終わったのを悔やむほど、日常の中で、同性愛者の自分と向き合うことを恐れていたわけです。さらに、三島は他者に向けられる同性愛者自身のホモフォビアも、『禁色』の中で見事に綴っています。

『階級も職業も年齢も美醜もさまざまながら、たった一つの情念で、いわば恥部で結ばれ合ったお仲間だ。何という紐帯《じゅうたい》！　この男たちは今さら一緒に寝る必要はない。生れながらにわれわれは一緒に寝ているのだ。憎み合いながら、嫉《ねた》み合いながら、蔑《さげす》み合いながら、そしてまた温ため合うために、ほんの少し愛し合いながら。あそこを行くあの男の歩き方はどうだ。全身でしなをつくり、肩を交互にせばめ、大きな尻《しり》を振り、首をゆらゆらさせ、いわば蛇行《だこう》を思わせるあの歩み。あれが親子よりも兄弟よりも妻よりももっと身近な僕の同類なんだ！』（『禁色』１９５１）

ぼくはこれ以上にかつてのゲイたちの感情を言い当てた表現を知りません。他人の中の自分を、自分の中の他人をこんなにも忌み嫌い、憎んでいたのです。このような、同じセクシュアリティを抱えたものへの否定的な感情は、ゲイのネットワークの中に、九〇年代に入るまで濃厚にあったものですし、いまでもその残滓は個々人の中に、コミュニティの中に簡単に見いだせます。ぼくらはまず、自分と、同じ仲間を憎みながら、それを受け入れなければならなかったのです。

　ですから、そうした感性の中では、なかなか「正義」という観念と自分の問題を接続しづらかったのではないかと思います。現在のようにインターネットなどのメディアがなく、自分と同じような欲望を持った人間と出会うこと自体稀な状況では、誰か他の同性愛者と接したとしても性的な場面に限定されていることが多く、あるいは、クローゼットの中では世間の規範に合わせて生きていこうとする同調圧力が濃厚だったので、問題を共有することができません。家族にも友人にも言えない。そうすると、その欲望を肯定することは難しい。同性愛の反差別運動が他の社会運動に遅れて九〇年代になってやっと形になったのは、自分の現実を受け入れるという最初の敷居が高かったことが影響しているのではないでしょうか。まず、自分のことをそれでいいんだと思えるきっかけがなければ、そのカテゴリーの問題を社会的な文脈で解決しようとは考えられないわけですから。どの反差別運動もその敷居をまたぐことから始まりますが、セクシュアリティの問題は、そのきっかけがつかみづらかったことから、最後まで取り残されていたのでしょう。

カミングアウトの意味付けの変化

ぼくの場合、大学に入ったのが八〇年代半ばで、そのときにはもう欧米ではゲイムーブメントは盛んでしたし（ゲイ解放運動は三島由紀夫が死んだ後、七〇年代に本格的に西欧で展開される）、日本でもその影響を受けた人たち、大塚隆史氏などがごく少数ながら言葉を発していました。ですから、すでに自分の欲望を否定せずに生きていくためのヒントは与えられていたとも言えます。また時代も、バブル経済へと向かう消費文化の爛熟期に重なり、思想的にもポストモダンがブームとなっていました。商業出版を中心としたフェミニズムの台頭もこの頃です。社会は、他人がどうあろうがかまわない、楽しくあることが大切だといった雰囲気で、伝統的な規範の力はずいぶん弱まっていたと思います。そんな空気の中で初めて、ぼくは反差別というくくり、つまり「正義」の文脈に自分の欲望の問題を接続することが可能になったのでしょう。

けれど、時代的に、すでにマルクス主義は瀕死の状態で、また、反差別運動も成果とともにその弊害も見えてきていて、絶対的な「正義」を信奉することに懐疑的な意識は広がっていました。社会運動の時代は過ぎ去り、唯一、ウーマンリブをフェミニズムの看板に鞍替えした女性運動が、商業出版やアカデミズムで気を吐き、エコロジーなどが少々話題になる程度でした。ぼくが最初に自分の立場を正当化するために下敷きとしたのは、そのフェミニズムですが、しかし、その運動にある、本来の性や愛はかくあるべし、と倫理を強要するようなところに反発することで、自分の言葉を作っていったのです。そこにもやはり既存の社会運動への距離感がありました。

ただ、先に言いましたように、自分を誰より愛してくれる親をもっとも傷つけかねない同性愛の問題は、そう単純にぼくを「正義」の立場に立たせてはくれませんでした。家族には愛情も抱いているだけに、どうしても彼らの立場も考慮することになって、相対的なものの見方をすることになるわけです。ゲイリブなんて親不幸者のすること、というのは、ゲイとして社会にアウトしようとする者に対して、当事者のサイドからつねに投げかけられる常套句でした。それは寝た子を起こされたくない、というゲイ自身の同性愛嫌悪、ホモフォビアの現れでもありましたが、親のサイドに立てば、愛情をそそいで育てた我が子が自分のまったく望まない生き方を選び、想像もしたくなかった存在であることが明らかになるわけで、親不孝は一面の事実でした。ですから、ゲイとして世間に向かい合おうとすれば、そうした親子関係の情緒も一旦、断ち切らなければならなかったし、なにより、同じゲイたちからの非難の声に抗わなければならなかった。ぼくの解放運動の出発は、やはりすっきりした「正義」の闘いにはならなかったのです。

以下はぼくが一九九一年に発表した『プライベート・ゲイ・ライフ』の一節です。

ぼくは本当に残酷な人間だと思う。好き勝手に生きてるばかりか、自分自身の価値観を母にまで押しつけようとしているのだから。母はすでに六十を越えている。戦前の教育を受けた人だ。男女平等の意味さえわかっていない世代に、ホモセクシュアルなどと言ってみても、理解の範囲を越えているだろう。しかしぼくは嘘をつくのをやめた。それは自分自身を偽るのに耐えられなくなったからで、その時点でぼくはあきらかに親殺しを選択している。

…〈中略〉…

たしかにゲイが自分らしく生きようとすることは、当然認められるべきことだ。しかし別の角度から見れば、親だってそれによって被抑圧者になるわけだ。誰しも時代の制約を受けざるをえないわけだから、こちらの論理が受け入れられないからといって一刀両断にしてしまうのは、あまりにも慈悲がない。時代から完全に自由になれる人間などいないのだから。

ホモセクシュアルという性を背負ったものの多くが、そこのところでどれほど苦悩してきたことだろう。自分自身の論理と親の論理のはざまで、いまもどれだけのゲイが、胸のつぶれるような思いをしていることだろう。誰しも親を傷つけたくなどない。しかしそう思うあまり結婚でもすれば、また他の人を傷つけることになる……。

ぼくは自分のしていることが正義だと胸を張って言うつもりはない。理想を追求しているなどという甘い表現もしたくない。ましてやカミング・アウトせずにいるゲイを、偽善者と批判はできない。ぼくは、ゲイだということで差別も抑圧もされるべきではない、というイデオロギーを選択しただけなのだ。だからこうして本を書くことだって、大袈裟に言うのなら、個人的なイデオロギー闘争をやっているようなものだ。

その結果、母は息子に裏切られ、世間から白い目で見られる。本当に不幸なことだ。親の思う通り生きなくとも、せめてごまかしつづけてあげるやさしさもあるのではないか、と非難する人もいるかもしれない。しかしぼくは、答えることのできない期待を抱かせ続けたくはない。いや、きれいごとを言うのはやめよう。ぼくは単に自分キチガイなのだ。義理人情に生きているのではなく、自分の価値観だとか理念を信仰しているのだ。親にしてみればなんて残酷な息子なのだろう。（『プライベート・ゲイ・

ライフ』1991)

このように、はじめからぼくは同性愛の解放を「正義」の問題だと割り切ることはできませんでした。むしろ「私」という価値観を世に問う闘いだと考えようとした。だから、同性愛を「差別問題」とするのを目標としながらも、差別という言葉にどこか馴染まない感覚がつねにまとわりついていました。「差別—被差別」とする構図の中には、すでに被差別の側に「正義」が与件としてあるからです。しかし、そうは思っていても、反差別運動の立ち上がりというのは、「痛み」が極点に達したところで爆発するものですから、またそうでないと、自分に「痛み」を与えている規範を超えられませんから、その現場の中では弱者の「正義」がむき出しにならざるをえないところがある。ぼくもやはり「正義」に支えられたし、それにかぶれている面も相当あったと思います。

例えば、カミングアウトということで言うと、先の引用のようにそれを倫理の問題としてではなく、価値観の選択の問題として捉えようとしている一方で、同じ本の中でこういうふうにぼくのパートナーに言っています。

別にカミング・アウトせずにずっと偽って過ごしていくこともできるだろう。しかし自分らしく生きる道を選択するのならば、親に告げないわけにはいかない。そうでもしなければ結婚しないことを日本の親が納得できるはずもないし、無用な期待を抱かせてしまうことにもなる。（同書）

ニュアンスとしては、カミングアウトはしなければならない、するのが本来正しい、という感じでしょうか。行間にはどこか「正義」の押しつけのような感覚が見いだされます。

また、その三年後の本でも、カミングアウトを規範的に称揚するような文章を書いています。それは浅田彰氏のある発言に噛み付いたものでした。浅田氏はこう言っています。

カミングアウトというものに意味があるとすれば、社会の至るところに性的マイノリティに属する人たちがいるんだということをはっきり公表することで、一般の人たちがその存在を知り、しかも自分たちは「正常な人間」ではなくて、単なる異性愛者であるということに気づくという効果にあると思う。だけど、特定の個人が自分の性的アイデンティティを無理やり振りかざす必要なんてないし、それは本人にとってすごく抑圧的に働くんじゃないかという気がする。（『ジェンダー・コレクション』1994）。

これに対して、当時のぼくは感情的としか言いようがない反応をしています。

現実には、特定の誰かのカミングアウトの集積こそが、マジョリティにマイノリティの存在を気づかせ、自らが多様性の一部だという認識に導く力になりうるわけで、実体が見えないところで何をいっても、結局、何の説得力も持ちえないことは周知の事実でしょう。だから、とりあえず、この社会によって与えられた被抑圧者としての性のラベル、ゲイやレズビアンといったカテゴリーを引き受けて、そこのところで生じている差別・抑圧を解消することから始めるしかない、そして、押しつけられたカテゴリーを肯定しつつ、一方でそれを解体していくことを同時にするという戦略が、いまのところ考えうる唯一の突破口ではないかと僕は考えるのです。

浅田さん自身がゲイなのか何なのか知りませんが、「ゲイやレズビアンたちが、今まで全面的に否定されてきた自分たちのアイデンティティを主張し、それに基づいた権利を獲得するというのは絶対に正しいし、ぼくはそれをほとんどの局面において支持するわけです」と一方でエクスキューズしておいて、もう一方で先のようなことを現時点において発言するというのは、欺瞞だと感じます。(『ぼくのゲイ・ブームメント91—94』1994)

いま読み返すと自分でも何を怒っているのかわからないのですけど、そのときのぼくにしてみたら、こっちは必死になってカミングアウトしてがんばっているのに、それに水を差すようなことを言われてムカついた、ということだけだったのだと思います（笑い）。浅田氏は運動としてはカミングアウトの戦略はありだけど、個々人にその行為を強要する必要はない、ときわめてまっとうなことを言ったわけです。が、そのときのぼくは、ずっとカミングアウトすることを社会にもゲイの中でも否定されてきて、やっとそれを肯定できるようになってきたところで、それを（自分から見て）高いところから相対化されて、不愉快だったのでしょう。浅田氏にはずいぶん失礼なことを言ってしまったと反省しているのですけど。

やはり、反差別の最初の叫びというのは、それは正しくない、悪いものだ、とする通念や規範に抗するものですから、正しくないという押し付けに対しては、自分たちは正しいというところを起点にしてしまう面があるのだと思います。問題設定がすでに善し悪しの問いになっているわけで、その土俵に乗ったらそういう応答にならざるをえない。

しかし、時が経つにつれて、ぼくの中でカミングアウトを倫理の問題として、「正義」の表現としてとらえる傾向はだんだん薄くなっていきます。その理由は、やはりゲイ、同性愛が社会に受け入れられているという実感が強くなっていったからでしょう。例えば、九〇年代の前半だったら、大学へ講演などに行ったりすると、その後の小さな集まりで、自分もゲイです、と勇気ある告白をする学生がいて、周囲もそれに拍手を贈るといった緊張感がありました。それが九〇年代の後半になると、キャンパスで「あら、ネェさん」などとあからさまに声をかけられるようになってきて（笑い）、大学という場でオープンリーに生きているゲイはまったく珍しいものではなくなりました。

いまという時点で考えてみると、すでに自分の欲望を「差別問題」だと設定できた時点で、それは解決される可能性を得た、ということではないでしょうか。どんな差別運動も、それが解消すべき状態だと考えられるに至る条件――平等とか自由とかの原則――が社会の側にある程度用意されているからこそ生じるのだ、というのは事実でしょう。実際、手がかりに触れなければ、そしてその価値観にシンクロしなければ、「痛み」を「痛み」だと認識することもできないのかもしれません。

二〇〇五年度と二〇〇六年度の東京レズビアン＆ゲイパレードの実行委員長を務めたおかべよしひろ氏という活動家がいます。彼は教職に就くかたわら、そうしたボランティア活動や組合活動を熱心にしていて、社会的な問題にも意識が高い方ですけど、彼がゲイの運動に関わるようになったのは、けっこう最近のことで、ぼくにはそれが不思議でした。ぼくと同世代で、学生時代にすでに廃れていた『世界』（岩波書店）を読んでいたタイプなのに（笑い）、どうしてぼくのように若いときからゲイリブの志向がなかったのだろうか、と。それで、去年インタビューでそのことを彼に直接問うてみました。すると、彼はこう答えたのです。

若いときのゲイライフというのは、やっぱりアンダーグラウンドな場所に飲みに行って、セックスをしてという感じ。僕は大阪出身なので、小さい頃から同和問題についての教育も受けて、また周囲に在日の人たちもいっぱいいるような環境でした。そういう点では差別問題についての意識は高かったと思うんです。でもそのことと、ゲイである自分を結び付けては考えていなかった。今思うとすごく不思議だけど結びつかなかったですね。

……〈中略〉……

同性愛者だということで悩んだり、否定的だったり受け入れられないということはほぼありませんでした。「自分はゲイなんだ」と認識した程度。それは肯定感と言うほどポジティブなものでもないし、悩んで引きこもったり自殺しようと思ったりするほどネガティブなものでもなかった。（『クィア・ジャパン・リターンズ』vol・0、2005）

以前のぼくなら、彼のこのような実感を「自分をごまかしていただけ」と一刀両断に斬り捨てていたと思うのですが、いまなら、自分の抑圧感を『正義』の問題につなげるコネクターがなかったのだろうな、と想像します。彼（とぼく）の青春時代は八〇年代で、緩い時代の雰囲気の中で自分を使い分けるスキルを手に入れれば、それほどの抑圧感を感じずに済んだ、というのも反面事実だと思います。が、彼も心の中に自分を肯定しきれない気持ちを密かに抱えていたのでしょう。結局、その後、こういう活動に加わることになるのですから。「差別問題」に精通していても、自分自身とそれを結びつける直接的な回路のようなものが見いだせなかっただけと言えます。

人は抑圧感を感じていても、すぐにその大元をどうにかしようとは思ったりしません。ふつうは、とりあえず、「痛み」を抱えながらもいまある世界に適応し、やり過ごそうとします。おかべ氏も若い頃、そういう心の操作で上手くバランスが取れていたので、とくに同性愛者ということで社会変革を求めなかったのでしょう。逆に、そうした個人的な心の持ちようや、対社会的な処方を身につけるだけでは「痛み」に対処できなかったぼくのようなタイプは、根本的な変化を求めるしかなかった。しかし、後年のおかべ氏のように、自分の抱えた問題を解消する新しいプランに接し、それに納得できれば、人はその流れに参加するようにもなります。

おかべ氏だけではなく、みんな概してそういうものだと思うのです。反差別運動に積極的に関わった人も、最初から自分を不自由にしているものを「差別」だとすっきりとらえられた人ばかりではなく、とくに最初の世代は、自分で持て余す抑圧感をどう輪郭づけるのかに苦労した人は多い。例えば、ウーマンリブの首領、田中美津氏も幼い頃から自分を鬱々とさせてきたものが、社会の中での女性の問題につながっていると意識するまでに年月を要したと語っています。後で引用する部落解放運動の山下力氏も、自分が解放運動に至るまでに、心のモヤモヤを抱えて紆余曲折する期間を経たそうです。ぼく自身も、おかべ氏よりはゲイリブに関わるのが早かったけれど、当然生まれたときから活動家だったわけではなく、たまたま海外のムーブメントの情報に接したり、ウーマンリブやフェミニズムの性に関する言葉に共感する感性があったことで、ある時点で、自分の中のすっきりしない思いを差別の「痛み」とし、それを解消すべき事柄と捉えるようになったわけです。

暴力を加えられたりとか、どこかに収容されたりといった差別なら分かりやすく、抵抗の声を上げやすいでしょうが、概して、差別という認識は先にあるものではなく、ああでもないこうでもないと考えたり行動したり体験したり勉強したりした結果として、後で見いだされるものだということでしょう。こういうことは、差別運動の後発世代には体感しにくいことかもしれませんが、自分たちの「痛み」を「差別問題」にエントリーしようと格闘した第一世代には納得のいくことだと思います。「私」という存在は、社会の中で形作られるわけで、社会の価値観が内面化されていないはずがないのです。だから、それに疑問を突き付け、異議をとなえるまでには、時間や試行錯誤を必要として当たり前。そして、「私」は、すでにある社会の価値観に束縛されるだけでなく、固有の感性によって新しい地平に踏み出すこともできる存在です。その一つの表出が差別運動になるわけです。

そう考えると、ぼくの「痛み」の解消の可能性は、すでにもうその「痛み」自体の中にあったということではないか、とも思えます。逆説的ですが、「痛み」を「痛み」としてとらえられた時点で、すでに問題のいくばくかは解決していたとも言える気がするのです。

部落解放運動などがはじまった戦前の社会は、近代とはいえ、まだ自由や平等とは相容れない力が濃厚に支配していたはずですから、反差別運動は闘争と言うに値する苛烈さがあったはずです。戦後もまだまだそういう状況が長く続いたと思います。彼らの命がけの闘争によって差別の問題にずいぶん大きな変化がもたらされたことは間違いない。第二波フェミニズムが起こった七〇年代でも、男女はかく生きるべしという通念は今とは比較にならないほど力を持っていたから、個人の平等や自由の原則とは異なり、女性たちは相変わらず社会的な領域からは排除されていたし、私的な領域でも古い慣習に抗うのは難しかった。それはフェミニズムが主張する通りだと思います。

一方で、ゲイやレズビアンなど性的少数者の運動が盛んになった九〇年代になると、もはや人の行動や態度を拘束する規範は非常に弱くなっていて、個々人が自由に生きられる可能性は飛躍的に高くなっていたように感じます。事実、ぼくは同性愛の問題ではフロントランナーの一人として走ってきたつもりですが、そのことでひどい攻撃にさらされたという記憶がありません。それはぼくの発信が、既存の価値観と一体化した人たちに届く程の力を持てなかったからでもありますが、それにしてもほとんど無風だったというのはどういうことなのでしょう。

史上初の同性愛差別の裁判を闘った「動くゲイとレズビアンの会」の人たちはずいぶん苦労されて訴訟を行ったと思いますし、そういう現場では様々な反動もあったことでしょう。あるいは、社会の光の当たらないところでは、ひどい差別事件もあったし、現在も差別や偏見はそこここに見い出せます。けれど、よくよく振り返ってみればこの間、公に、同性愛者の反差別の主張に正面から異を唱えた声は、ほとんどありませんでした。ぼくの個人的な印象から言うと、九〇年代に入ってゲイたちの姿が社会に現れてきた際、メディアは「ついに日本でもゲイムーブメントが起こったか！」といった反応で、それなりに好意的でした。

個々人で同性愛者に嫌悪や偏見を持っている人たちは少なからずいるにしても、公のメディアが反同性愛キャンペーンを張るということはまったくなかった。ぼくの場合、九一年に日本で最初のカミングアウトを主題にした本を発表すると、各紙誌で取り上げられましたし、NHK総合テレビのプライムタイムの番組に招かれて同性愛について主張する機会も与えられました。ムーブメントのフロントにいたものの印象としては、次々に壁は勝手に崩れていった。

一つだけ明らかに差別的だと思われる件がぼくにもあったのですが、皮肉なことにそれは、(いまあるかわかりませんが)ある地区の女性のための施設、いまで言うと男女共同参画事業を担っているセクションで起きました。そこからシンポジウムへの参加の依頼をもらい引き受けたのですが、広報までされた段階で、同性愛者を行政機関が招くなんていかがなものかと、その施設の上のほうから現場に圧力がかかって(たしかそこの女性の長のしわざだったと思うのですが)、自主規制でぼくの出演がつぶれたのです。ちょうどその頃ぼくは他に大きな仕事を抱えていたので、断りの連絡をもらったときには、フーンという感じだったのですが、あとで考えたらこんなひどいことはないと頭に来て、自分が出席するはずだったシンポジウムを観に行きました。そうしたら、役人というのは小心者の方が多いらしく(笑い)、ぼくの姿に気づいた途端、上へ下への大騒ぎになってしまい、最終的には先方から詫びが入ったのです。

それで事を荒立てず、別の機会に講演会が設けられることで手打ちになりました。

これだって、こちらがちょっと強く出れば、相手のほうが折れたわけです。ぼくの経験の中で、あからさまな差別というのはそのときだけで、あとは、むしろ当事者の中のホモフォビアを解除することの困難さのほうが、大変だった気がします。

そのように、カミングアウトをして世に出たはいいが、拍子抜けするほど反発はなかった。あれから十五年経ちますが、いろいろな人たちの試みの結果、同性愛者の存在は受け入れられていったし、当事者の生き方も自由に多様化されていったと思います。メディアや行政でも差別的な扱いは少なくなり、個々の場でも、例えば、親しい友人にカミングアウトしていることはふつうだし、子供の同性愛に理解のある親も増えてきました。もちろん、これは日本の社会に同性愛者に対する差別や偏見がなくなったということではありません。それらは社会にも人々の心の中にも確実に存在しています。実際、いまでも職場でカミングアウトしている人は少数ですし、家族との問題を抱えている人も少なくありません。しかし、とりあえず、運動がさしたる軋轢もなく、社会的な認知を高めることが可能だったのは、九〇年代の日本社会は他者に対する許容度が高く、というかむしろ無関心が広がっていて、消極的ではあれ、他者を受け入れる土壌があったこと、部落解放運動やらフェミニズム、障害者の運動の成果によって差別問題に関する理解がそれなりになされていたこと、アメリカなどと異なり社会の中に原理主義的な勢力がほとんどない理由……などが挙げられると思います【注2】。

そういう状況のドラスティックな進展にともなって、ぼくのカミングアウトについての考え方も、十年くらい経つと、初期の倫理性が濃厚だったものから、大きく変化します。一九九九年のゲイ向けのエッセイではそれについてこう書いています。

コスト／ベネフィットを秤にかけながら、したほうがメリットがあると考える人はすればいいし、デメリットのほうが多いと判断するのならしなければいい。よくゲイ雑誌で語られるような、すべきか／すべきではないか、という倫理的な問いの立て方はもうやめよう。

…〈中略〉…

……カミングアウトを、同性に対する性的欲望を自らと他者に対して明らかにすること、としておく。そうすると、結局のところ、僕らはカミングアウトできる範囲を広げることによってのみ、自らの欲望を実現し、より多くの（広い意味での）快楽を生活の中で獲得できるということがわかるだろう。

僕らはまず、自分自身が同性に対する性的欲望があることを受け入れることが困難なわけだけど、自分がそれを認められなければ、誰かと楽しく恋愛することも、心の底からセックスの喜びを分かち合うこともできないのは明らか。そして他者に対してある程度自分の欲望を知られるリスクを犯さずには、ゲイ雑誌を買う行為もできないし、ゲイバーに通ったり、ハッテン場に行ったり、誰かとセックスしたり、ゲイナイトへ入場することも叶わない。

…〈中略〉…

僕らは結局のところ、戦後、カミングアウトできる範囲を広げることによって、より多くの選択肢を得てきた歴史の線上にいるのだ。ハッテン場に残されたメッセージを危険を省みず受け取った人がいて、蔑視に負けずゲイバーを開く勇気を持った人がいて、ゲイ・ミニコミ誌を発行することで世間と闘った人がいて…と少しずつのカミングアウトの歴史の積み重ねの上に、自由を獲得してきたのだ。（『バディ』1999年9月号、11月号）

これは言ってみれば、カミングアウトそして同性愛の運動を「正義」の行為として立てるのではなく、「欲望実現のための営為」だという認識にシフトさせたのだと思います。時代の空気の変化とともにぼくの中のリアリティもそうなった。

同様に、同性愛をめぐる否定的な表現に対しても、ぼくの態度は変わりました。初期の頃にはやはり多くの反差別運動に通じるメンタリティがありました。例えば、あるテレビドラマで登場人物が「ホモ野郎！」と罵声を浴びせられるシーンがあって、そのことに対して抗議する文章も書いています。

テレビの影響力は多大である。こうした同性愛に対するネガティブなイメージが流布されることによって、どれだけの抑圧が生み出されていくことか。実際、これまでもそうやって拡大生産されてきた悪いイメージが、僕らをカミング・アウトできない状況に追いやってきたのだ。そして今後も機会があれば、『ホモ野郎』という罵声が、学校や組織の中でゲイ（あるいは女性的な男）に対するイジメや排除に用いられるのは目に見えている。自分の中学時代のことなどを思い起こせば、実にリアリティをもって想像されるのである。

……〈中略〉……

……『ホモ野郎』を差別用語として禁句にする運動をしようとは思わないが、そういう表現に不快感を持つものもいるということを表明しておくことは大切だと思う。それをわかった上で、製作者もある種の覚悟を持って作るのなら作ってほしい。表現とは本来、そういう厳しさを伴ったものであるべきだ。ともかく、こういう問題は放置しないで、どしどしクレームの電話を入れたほうがいい。僕らゲイは、いままで差別の問題に関して寛容な態度を取りすぎたのではないか。(『薔薇族』1993年12月号)

これを書いたのは一九九三年ということで、まだ社会の側に同性愛に対して肯定的なものを感じられなかった背景がありました。いろいろ条件をつけてはいながら、結局、自分たちが差別的と見なした表現は糾弾すべきだという立場に立っています。お笑いのノリの文章にしていたり、言葉狩りには与しないとは言い訳しているのですけど、やはり、ぼくの中ではまだ「社会は敵」だという意識が強かったのだと思います。今なら、フィクションの作品の一部の言葉の表現をめぐって、抗議しよう、などと書いたりしません。そのドラマ自体がゲイに対して差別する意図を持って作られていたり、悪意だけが表現されたものなら批判の対象としても、言葉そのものに対する禁止を求めたりすることはないでしょう。もちろん、差別構造が作品に組み込まれている、ということを明らかにする批評をすることはありえるでしょうが。

この当時はぼくもまだ、自分の「痛み」を根拠にした「正義」と、そうした「正義」を押し付けることへの抵抗感との間で、微妙に揺れていたのです。キャムプという笑いの手法で自分たちの「正義」に凝り固まったりしないよう脱構築してみたり、教条的な運動戦略に距離を取りながらも、でも論理としては整理されていなかった。その揺れは長く続いていたと思い返します【注3】。

「オカマ問題」と差別の根拠

けれどもそういった問題に、ぼく自身はっきりと論理的な決着をつけ、また政治的に立場を明確にするきっかけとなる件が、二〇〇一年に起こりました。『週刊金曜日』という雑誌に掲載された東郷健氏【注4】についての記事をめぐるものです。これは、フリージャーナリストの及川健二氏が書いたもので、東郷氏のそれまでの生い立ちやら活動を追ったルポルタージュでした。当然のことながら彼の活動を肯定的にとらえようとした内容になっています。その記事に「伝説のオカマ」というタイトルがつけられて発表されたことに、ある同性愛者の団体から『週刊金曜日』にクレームがつけられたのです。差別語の「オカマ」を用いたのは問題がある、と。

編集部サイドでは東郷氏が「オカマ」という言葉を自称で肯定的に用いていることも鑑みて、それを使うことの危うさも意識しつつ掲載に踏み切ったようですが、同性愛者の団体から抗議が寄せられると、謝罪に近い態度を示して、その団体の意向に添うかたちで、何号か後に「性と人権」という特集を組みます。しかしそこでは、その記事を書いた及川氏や東郷氏の主張は掲載されず、また抗議した団体とは意見を異にするゲイの声もほとんど取り上げられないまま、「オカマ」を使用することは悪い、という前提で誌面が構成されていました。

それに対してゲイの中で違和感を持つ人たちが声を上げた。ぼくもその一人ですけれど、東郷氏は「オカマ」を確信犯的に用いていて、長年自称してきたのに、その言葉が差別的な文脈で口にされることが多いからといって、メディアで使用しては駄目だとするのはいかがなものか、と。近年では「オカマ」を肯定的に、積極的に自称するゲイも増えてきていて、また差別語ではないとされる「同性愛者」や「ゲイ」という言葉に不快感を持つ当事者もいる。結局、同性愛を否定的にとらえる社会の中でそのカテゴリーを指し示す言葉が使用されれば、どれも多かれ少なかれ差別的なニュアンスが生じてしまうわけです。そういうことを考えると、「オカマ」を使用禁止にすることはまたタブーを一つ増やすだけの「言葉狩り」になるのではないか、といった批判の声がゲイのサイドからかなり上がりました。『バディ』というもっとも購読者数の多いゲイ雑誌がアンケートを取ったところによると、「メディアが『オカマ』を使うのは許せる?」という質問に対して、55・5%が「使われ方によっては○K」、30・4%が「当事者が好んで使う場合のみ○K」、11・1%が「『オカマ』は使っちゃダメ！」」、3・0％が「『オカマ』をどんどん使う」という結果でした。

それでぼくなどが主催して、『週刊金曜日』の件に関してシンポジウムを開くことになりました。当日は、抗議した団体の方は出席してくれなかったのですけれど、『週刊金曜日』からは編集長や編集者が参加し、記事を書いた及川健二氏、ゲイの側からは、哲学研究者の野口勝三氏（現・京都精華大学助教授）、また差別語の問題に意見を持っているライターの松沢呉一氏をまじえて、その件の経緯や是非などが話し合われました。編集長に「今日は糾弾の会ですか」と言われたのですが、これ、ある意味で「逆糾弾」というか、当事者の側からメディアの過剰の自主規制に疑問を呈した、これまでの反差別運動ではありえない構図の会だったわけです。

それで、議論を進めていくと、結局のところ問題は、何が差別か差別でないかを判定する権利は、当事者だけにあるのではない、という辺りに行き着いた。このときの議論を主導したのは、野口勝三氏だったのですが、彼は差別語の問題を超えて、反差別運動全体にある、弱者至上主義的な考え方を批判しました。

反差別運動全体の今の中心的な考え方というのは、「差別の問題をマイノリティがマジョリティに対して説明する責任なんかはない。マジョリティがマイノリティの立場に立って自分の抑圧性というものを深く反省しないといけないのだ」というものなんですね。

……〈中略〉……

この論理を徹底していくと、マジョリティはマイノリティから抗議を受けた場合、「弱者の意見を聞かないといけない」ということだけが、義務として要請されますから、適切な異議申し立てを逸脱したと思える抗議に対しても反論することができなくなってしまいます。

「最も弱い弱者」とか「一番傷つきやすい人」というのは、理念として想定されるだけで、現実には存在しないんです。存在するのはあくまでも、特定の「問題意識」から見出される個別の弱者です。そして、この「問題意識」が妥当なものかどうかは、互いの議論の結果、同意として得られるものであって、それはマジョリティの一方的な反省によって導かれるものではありません。（『「オカマ」は差別か』2002）

実際に、「オカマ」という言葉一つをとっても、それで傷つく人、傷つかない人、積極的に用いたい人、用いるべきだとは思わない人……当事者の中でさえも、さまざまな感じ方、考え方があって、一概にそれが差別語だとは言えません。つまり、自分の「痛み」だけではそのカテゴリーを代弁していいことにはならないし、したがって、特定の個人の心の「痛み」そのものを「正義」とすることはできない。とすれば、マジョリティに対しても、自分の「痛み」だけを根拠にそれが差別だと言えるわけではなくて、当事者の中でも、あるいは社会においても、その「痛み」の訴えが妥当なものかどうかいろいろな角度から議論する余地がある、という結論です。

これは当たり前の話のようですが、ぼくのように反差別運動のスタートに関わった人間には、返し刀で、活動の出発点が間違っていたかもしれない、と言われるに等しいことでもあります。そもそも反差別運動というのは、社会の中に自分たちを排除したり低い位置に置く力が働いている、そのことに対する「痛み」がある時点で沸点に達して起こるものです。そのときには「痛み」を解消するための行為は「正義」でしかない。それを差別と同定したときに「正義」は自分たちの側にあることになります。それに対して、「痛み」の訴えだけではそれは「正義」にはならない、「正義」かどうかは、その訴えが当事者ばかりでなく社会の中で議論された結果、事後的に決定される、と言われたわけですから、それまでの自分たちの主張そのものの根幹が問われることになります。これは「痛み」「差別」の脱本質化と言ってもいいでしょう。しかしぼくにしてみたら、まったく異なる世界観を突きつけられたわけです。社会は自分たちを抑圧する敵だと思って始めたのに、ある意味で、その敵に自分たちの正しさを認めてもらわなければならない、というパラドックス。

これはぼくのような反差別運動の第一世代には、心情的には受け入れることは難しいのです。やはり、自分たちのやってきたことが疑わしい、と突きつけられるわけですから。けれど、もし、他の誰かが自分に、「私」の「痛み」は他の誰にもわからない、あなたたちはただそれを解消しなければならない、と押し付けてきたら、ええっ?と自分もとまどうことでしょう。ぼくも、その言い分に耳を傾けて、それに納得して、問題を解消しなければと思ったときに初めて、その訴えを正当なものだと認識することになると想像します。それに、「痛み」や不満などというものは、多かれ少なかれみんなもっているわけですから、それらの申し立てをすべて「正義」として社会的に解消すべき事柄として対応していくなんて、子供が考えたって無理な話しです。ですから、当然、そこになにがしか、その訴えを採用するかどうかを検討し合う過程が必要なことは、明白です。

すると、それまで自分に根深くあった、マイノリティ対社会と二項対立的に捉えていた世界観がガラガラとくずれて、社会と自分が対立的に存在しているのではなくて、自分が社会の中に少なくとも片足は置いて、そこを存在の根拠としていることからすべて始まっているのだと、実感できるようになりました。考えてみれば、元はと言えば、自分の欲望だってこの社会の中から生み出されたものです。それと社会との齟齬や軋轢を解消すべきものだとする考え方も、社会の内側から受け取ったものでした。欲望も、それをいかすヒントも社会の中から出てきたものだった。敵だと思ったものに自分の「痛み」も可能性も与えられていた、とも言い換えられます。

ということは、最初から、この社会は自分を抑圧するだけの敵だ、という見方自体が間違っていたことは確かでしょう。少なくとも社会は全否定するようなものではなかった。

運動の実践面からしても、ただ自分たちの「正義」を押し付けるやり方は、人々の本当の意味での共感を得ることは難しい。それは歴史の示す通りです。『被差別部落のわが半生』という本で、部落解放運動に長く関わってきて、「糾弾屋」と呼ばれていた山下力氏が、結果として、自分たちの活動が思ったような効果を得られなかったことを、こう反省していました。

私たちは差別的な言動に直面するたびに、「差別はいついかなる理由をもってしても絶対に正当化されない最大の社会悪であり、人間の尊厳を侵す犯罪である」と規定し、厳しく追及してきた。そして「あるべからざる犯罪行為」を犯した当事者に対して、「正しい知識」と「正しい認識」を注入するために、耳にタコが出来るまで繰り返し繰り返し教育と啓発を行ってきた。

しかし実際のところ、ほとんどが「馬の耳に念仏」の類《たぐい》だった。当事者が「認識」したのは、「二度と軽率なミスはしないでおこう」とか「部落（問題）のことは避けて通るのが賢明だ。これから気をつけよう」ということぐらいではないのか。

……〈中略〉……

私たちは大上段に構え過ぎてきた。説得や教育や糾弾や追及や啓蒙や指導や研修や啓発などをやり過ぎてきた。もちろん大上段に構えたり、一刀両断に斬り捨てることが必要な局面はある。……〈中略〉……

そうではなくて、個人個人の人間の私的な場面での「差別的言動」については、こちらも個人的に異議申し立てはするけれども、従来のような組織的糾弾などはしない。お互いに「差別し差別される人間」として話し合い、お互いの違いを了解し合い、出来ればお互いに差別を乗り越えるような方向にもっていきたいと考えるのである。

（『被差別部落のわが半生』２００４）

この古参の活動家のたどり着いた境地は、先の「オカマ」という言葉をめぐる議論の中で野口勝三氏が指摘したことにまさにつながっています。

……差別の問題で最も大切なことは、普通の人間が日常的に持っているモラルの延長上で、その問題を捉えることができる状態になっていることなんです。「差別を受けた人間以外はその痛みはわからない」という言い方は、一見正しいように聞こえるんだけど、やはり問題で、もしそれが全く想像できないものだったら、結局抗議を受けた人は、その問題を自分の問題として考えることができないということになってしまう。……相手の言うことを無条件に受け入れないといけないことになる。大事なことは、「痛み」の絶対的な了解不可能性を強調することではなく、相手の立場に立ったとき、自分の問題に引き付けて考えることができるように、問題を提出することです。このとき抗議を受けた側は、はじめてその問題を自分の問題として受け止めることが可能となり、そこでは差別をなくす可能性が拓かれるんです。(『「オカマ」は差別か』2002)

このときに野口氏は社会を「利害」が対立し調整する場として語っているのですが、ぼくはその「利害」という言葉が腹にストンと落ちた気がしました。それが九〇年代初頭に同性愛の問題を世に問うたときだったら、自分の「痛み」を「利害」の問題とはとてもじゃないが思えなかったでしょう。けれど、すでに、ぼくら当事者の訴えによって社会が変化している実感が得られてきた段階でもありましたから、「正義」という言葉よりも「利害」という言葉のほうにむしろリアリティを感じました。気持ちの余裕があるところで、もう少し客観的に自分やその他の反差別運動を俯瞰して見れば、その周囲にいる、自分とは異なる感性や利害を持った人々の顔が見えてきたということかもしれません。同性愛も部落も女性も在日も、一つの軸、一つの観点でしかなく、人はいろんな利害関係が交錯する場である、とからだでわかったのです。単純に一つの立場から、この世界を自分とそれ以外の人々の力関係に置き換えて見ようとするのは、どうしたって無理があるし、やはり傲慢だったと反省しました。

ぼくの場合、素朴に「正義」と思ってはじめたことではなかったけれど、それは「利害」の調整によって受け入れられ、そこではじめて正当な訴えだったことが確認されるものだ、と納得できました。そのときになってやっと、ぼくはこの社会を他の人たちとシェアしている感覚を得られたように思い返します。そうして考えてみると、自分が経験したことを「差別問題」とするのではなく、「欲望問題」として捉えるのが適切だと、いま、痛感するのです。一つの欲望の社会における可能性の問い、「欲望問題」として始まった同性愛の生存が、結果として同性愛者以外の人々との間に了解が得られ始めているのだ、というふうに見えてきたのです。それは最初から「正義」としてあったのではなく、自分の欲望を実現したいという声が発せられた結果として、正当な訴えとしての理解を生みつつある、とするのが客観的な見方なのではないでしょうか。

そういう理解で、女性差別も部落差別も天皇制も少子化の問題も捉えられるように思うのです。いや、この社会に生まれてくるあらゆる欲望を、そのように捉えていけばいいと考えます。不満や「痛み」や欲求や理想のことを、ここでは「欲望」という言葉にまとめていますが、まず、それを抱いた人から「欲望」の主張が語られ、それを他の人たちと共有することの社会で実現することが可能かどうか、どういうふうに調整することができるのか、どこまでそれぞれを妥協するのか、その「欲望」が社会という土俵自体を破壊することはないのかが吟味される過程を経て、それはここに着床することができる。そういう場としてこの社会を認めたいと思うのです。できるだけお互いの「欲望」を実現できる場として、それを可能にする調整機能としての社会です。

「痛み」と感じていることや、不公正だと思えることと、楽しみや嗜好を同じ「欲望」とすることに納得がいかないことは感覚としてわかります。しかし、誰かの「痛み」の解消が誰かの楽しみの実現よりも優先できる、とは限りません。前にも述べた通り、何を「痛み」と感じるかは人によって異なるし、その「痛み」の解消のために楽しみを諦めることがどうしても納得できない場合もあるわけです。

例えば、ずいぶん前にフェミニズムがミスコン批判に熱心になって物議をかもしたことがありました。女の人を見た目で品評することは女性差別である、という主張がなされ、その是非が議論された論争です。あれからずいぶん経ちますが、ミスコン自体を女性差別とする考え方は、人々に採用されたようには見えません。行政が主催するものとして女性だけを美のコンテストで競わせるのは平等ではない、という意見はある程度、説得力を持ったようにも見えますが、世間一般で、美の価値を競うこと自体は否定されてはいないでしょう。

そういうイベントを女性として「痛み」だと感じ、その是非を問うことは間違いではないし、主張することはいいでしょう。しかし、それを「痛み」だと感じなかった女性も、やはり、たくさんいるわけです。むしろ、その営みを良いもの、楽しみとして見ている人も少なくない。そうした場合に、「痛み」と楽しみの利害はぶつかります。いま振り返ると、「痛み」を感じる人がいるからミスコンはすべてよくない、という一方的な押しつけは、かえって、女性たちからフェミニズムへの生理的な嫌悪を引き出してしまいました（少なくともそうぼくには思えます）。

「痛み」でさえ、人々の納得や共感を得られなければ、解消すべきものとして妥当とは見なされない。自分の「痛み」を訴えたり、他人の「痛み」に極力耳を貸すことは肝要でも、「痛み」にも個人で解決すべきものと、社会で解決すべきものがあるし、「痛み」を他のことに優先させるべきだとする絶対的な理由もない。結局、「正しい」ことは、ある人の内側にあるのではなく、人と人の間に生み出される共感の方向性でしかありえないし、そうでなければ、それは一つの感受性、「私の正義」でしかないのです。その共感をいかに生み出していくのか、それを生じせしめるための行為を「政治」としてもいいでしょう。ですから、「痛み」に最初からプライオリティはないし、それが正当性を獲得していくには、とにかく訴え、交渉し、表現し、理解を得ていく政治過程を通じてしかないのです。つまり、最初は「痛み」も楽しみも等価な「欲望問題」だと言っていいでしょう。

この社会で生きていくことの切なさ

再び最初の少年愛者の鈴木さんに話しを戻しましょう。彼の欲望もぼくの欲望も、同じこの社会の産物であることは間違いありません。そして、同様に、社会において蔑視され、排除されてもきました。ぼくらの「痛み」は社会という俎上に乗せられて、広い意味で検討されるまでは、(自分の思いは別にして)「正義」とも「被差別」とも「犯罪」とも確定できません。それは声を発していく過程で事後的に生まれる評価だからです。

ぼくは、一定以上の年齢の同性愛の欲望がこの社会に受け入れられてもいいと考えます。成人同士のそれは誰も物理的に傷つけるものではありませんし、社会自体を否定するものではないと思うからです。例えば、子育てをしないことで、社会を再生産していくことに貢献していないから駄目だ、という批判があれば、間接的に貢献していく方法はあるし、同性カップルにも養子縁組をできるようにしてもらい、社会の維持に貢献する、といった方向で考えることもできるでしょう。同性愛の欲望を実現することと、社会を維持することの間には今日、社会構想いかんによって、矛盾を乗り越える可能性は十分にあります。

しかし鈴木さんのようなローティーン以下の子供への性的欲望の実行は認められるでしょうか。残念ながら、それは難しいように思われます。大人と子供の間には明確な力関係があります。そこに性愛を持ち込むとなると、それは子供に対しては暴力と同じような影響を与えるかもしれません。子供の側が直接抵抗しなくても、その体験は将来トラウマになる可能性がありますし、あるいは、形成過程の子供のセクシュアリティに特定のバイアスを強くかけてしまうことにもなるかもしれません。ぼくは個人的には、子供への性的欲望を持つこと自体を犯罪とするのは行き過ぎだと思いますが、やはり、実際に行動に移してしまうことは、子供に対してリスクが大きすぎる。子供と小児愛者との「利害」は乗り越えられないと対立になる。結局、社会は、社会を将来担う子供たちの生存を優先させるしかないでしょう。つまり、大人の側の行動を規制する、そこに禁止の線引きをせざるをえないと思います。善し悪しの境をどこかのレベルで設けなければならない。

その線引きが、偶然その欲望を胚胎してしまった人々にとってもまた、暴力的な力であることは、前に言ったように、ぼくにもよくわかっています。地続きでしかない彼らと自分の間に分割線をいれなければならないことは、個人的な心情としては胸が痛いです。もっと言って、彼らに同情を禁じ得ません。しかしそれをしなければ自分の自由を生かす場としての社会を壊すことになりかねない。社会は個人を生かす場であるべきだけれど、社会なしではぼくらは生きられません。どんなに観念の世界でそれを否定しても、人間が人間である以上、社会という枠組みは必要でしょう。もし線引きをせずに解決する方法があるのなら、それを追求すべきだと思いますが、その代案がないとしたら、無理矢理にでも受け入れられるものと受け入れられないものとの線引きをせざるをえない(もちろんそうでない可能性をどこかに残しつつも)。

彼らの「痛み」に切ない思いを馳せながらも、ぼくはその強制力を行使することに賛成します。その線引きは、何も小児愛者といった問題ばかりでなく、他の暴力的なセクシュアリティでも必要でしょうし、中絶をめぐる女性と胎児との間にも引かれるものでしょう。あるいは、戦争という問題でも生じる難問だと思います。どの立場が優先されるのかは最初から決まっているわけではないにしろ、どこかに線が引かれることは間違いない。

そして、そうした力に加担したからには、ぼくもまたこの社会に責任を負ったというべきでしょう。自分に都合の悪いことは力を持ってして押さえ込んでいて、一方で、この社会をあるべきものではないと否定したのでは、あまりにも無節操、無責任と言えます。守るべき価値があるからこそ、他人の切実な欲望を犠牲にしてまでも、社会の維持を優先させたわけです。だとしたら、この社会を一度受け入れた上で、問題点に取り組み、よりよい方向にしていこうということでなければならない。

いや、本当にこの社会は維持すべき価値があるのか、と問われたら、今ならぼくは「そう思いたい」と答えるでしょう。ぼくが考える理想の社会は、そこに帰属する個々人の欲望を最大限に実現できる場所、ということになります。もちろん、自由とか欲望の実現とか言っても、十人十色、人間はそれぞれ望むものも欲するものも違いますし、資源だって有限ですから、利害の衝突は避けられない。また、最初からすべての人々が平等であるわけでもなく、すでに格差やら政治的な力の差は厳然とある。しかし、スタート地点に公平さなんてないのだから、平等とか機会均等などという言葉に騙されてはいけない、そんなことを信じるのは政治的にナイーブなのだ、としても、結局、その原理を少しでも可能にしていく方向で考えるしかないでしょう。革命に足るプランがあるのならともかく、そうでなければ、漸進主義しかない。ノーを言うことは簡単だし、それを言い続けていて商売になるのは知識人だけです(笑い)。

そして、ゆっくりとした歩みながら、そういう社会を形成する流れの中にぼくらはいないと言えるでしょうか。日本という国の悪いところを挙げればたしかにキリがありません。ぼくだって全面的に肯定するとは口が裂けても言いません。けれど、自分の経験から、ぼくはこの社会は自分の理想に近づく可能性を残しているのではないか、と直感しています。そんなの楽観的だ、という声が山ほど押し寄せてくるのは百も承知の上で、ぼくはあえてイエスと言いたい。ノーを言うのはあまりにも安直で、保身にしかならないからです。イエス、バットというのが立場です。

ぼくの母の若い頃は、男女七歳にて席を同じくせず、といった時代でした。女学生は男子中学の前を避けて歩いたと言いますが、そんな教育を受けた母は、いま八十代になって、ゲイの息子とそれなりに幸せに暮らしていますし、息子の恋人がやってくるのをけっこう楽しみに待っていたりします。母の例は極端だし、それだけでこう言うのは安直かもしれませんが、この国はそのように、社会から生み出される人々の欲望をできるだけ調和させようと、そしてそれを可能にするように、ほんの少しは変化してきたのではないでしょうか。

同性愛の運動の後にも、例えば、性同一性障害は、九〇年代後半、性別適合手術が認められ、まだすべての当事者に納得がいくかたちでないにしろ、戸籍の性別変更が法律的に可能になりました。そんなこと、この国ではありえないだろうと思われていたことが、案外、すんなり法律的にも通ってしまった。もちろん、通るべきものが通らないという逆の例も枚挙にいとまがないでしょうし、現在問題になっている性教育やジェンダーフリーへのバッシングのように揺り返しもあるでしょう。しかし、それでも、ぼくは、「欲望問題」は以前よりずっとその適用範囲を拡大しているように感じるのです。それに伴ってまた別の問題が生じていることもわかっているけれど、でも、この国の変化を総合的に評価すれば、悪くなっているばかりとは思えません。

社会からは時代とともにつねに新しい欲望が生み出されてきます。そしてそれが「欲望問題」として声を上げていくはずです。学校へ行きたくない、とか、生身の女性との恋愛よりも二次元のキャラクターに「萌える」とか、不妊治療として代理母出産を求める……とか、いろいろなものが議論の場にエントリーしてきます。そういう他者の欲望に対して、できるだけそれを可能にするように、そしてその結果が社会の成り立ちと維持に矛盾しないように、いっしょに考えていく、それが大切だと思います。そういう場として、ぼくはこの国を他の人々と共有していきたいと考えます。

人々はどうしても自分の思い込みをよすがとするところがありますから、また、知らないものに不安を抱く弱いものですから、新しい「欲望問題」に対して、本来、この社会はそういうものではない、とか、人間とはかくあるものだ、といった言葉を持ち出さざるをえない指向があります。「欲望問題」と社会との間には必ずそういった抵抗勢力は存在するでしょう。けれど、ぼくらはそれを一つひとつ解決するだけの知恵をもう持っているのではないでしょうか。それだけの知を作ってきたのではないでしょうか。ですから、ぼくはいまはただ、人間の持つ胆力に賭けたいと思います。そして政治への積極的な関わりを持とうと心がけたい。

最後に、このことにも触れておきたいです。この社会を営んでいく過程で、善し悪しの線引きをしていくことの割り切れなさや、「痛み」は、それぞれが心の中で引き受けていくしかありません。この社会自体にノーを言い立てることでその責任を免れるわけではないし、そんなことは頭の中での罪悪感の打ち消し、自己慰撫にすぎないでしょう。

ぼくは、そういう、線引きをすることの暴力を自分がどうやって背負っていくのか、をテーマにして小説『魔女の息子』（河出書房新社、2003）を書きました。その問題を書かざるをえませんでした。フィクションの作家が自分の作品に言及するのはいかがなものかと思いますが、また、あの作品にはいくつものテーマが折り重なっているのですけど、そうした問題意識が執筆の動機の一つでした。文学のような表現でしか、線引きの向こうに追いやってしまった人々とつながることはできない、と考えたからです。社会制度とは異なる位相で語るしかない事柄もあります。鈴木さんのように、そういう空間でしか抱きしめられない人たちもいます。そう、小説を書くということは、ぼく自身、暴力にもなりうるこの社会で自分も生きていくしかない、という切ない切ない宣言でもあったのです。

2章

ジェンダーフリーの不可解

ヘテロ・システム、〈性別二元制〉

もしぼくが二十代の頃、モテていたら、セクシュアリティの問題を考察するようにはならなかったかもしれません。ぼくが青春時代を過ごした八〇年代は、たしかに同性愛の差別は厳然とあったと思いますし、自分たちを肯定する言葉はほとんど社会に流通していませんでした。が、アンダーグラウンドのネットワークの中では、社会的な文脈とは別に、恋愛やセックスを得ることは容易でした。文化が爛熟した八〇年代になると、少なからずのゲイたちは、クローゼットと、その外側での自分を使い分けることで、それなりに自分を楽しむこともできたと振り返ります。それはどこかに抑うつ感を抱えながらもでしたが。みんな、相手や場に合わせて自分を操作することで、社会に適応しようとしていたのだと思います。

なので、もしぼくがその頃、恋愛に恵まれていたら、それほどの怨念を溜めることにはならず、恋やセックスでそこそこガス抜きをして、社会的に同性愛を認知させなくてはならない、と思い詰めることもなかったかもしれない。イケてないやつは、どうしても実存の枠を越えて、問題意識を社会へ向ける傾向があります（笑い）。それで、ぼくはフェミニズムを手がかりとしてセクシュアリティやジェンダーといった問題を考えるようになるのですが、すぐに、理論と実践の間で齟齬を経験することになります。あの時代、フェミニズムでは「男らしさ・女らしさから、自分らしさへ」という標語が流行っていました。いまで言うところの「ジェンダーフリー」です。その理念の中で、我々は社会的に押しつけられた性規範に呪縛されているから、性愛も夫婦や恋人関係も抑圧されているのだ、もっとそこから解かれることによって自由で豊かな生と性を獲得することができる、とされていました。

八〇年代フェミニズムでは、「性とは全人格的なコミュニケーションである」ということがよく言われていました。いまなら、それも一つの嗜好、性愛の趣味のありようでしょう、と反論するところですけど、まだ二十歳そこそこだったぼくには、理念というものを素直に信じられるところがありました。差別や力関係のない性愛と、豊かな性愛が同じだと思えた。それが誰にとってもそうであると思い込めた。で、自分も「男らしさ」にこだわらずに「自分らしく」あらねば、そうすることが正しいことなのだ、と日常の場で実践してみたわけです。大学に入って親しい友人などにカミングアウトしはじめたのですが、それまでゲイだと悟られないように自分で自分を矯正しながら生きてきた鬱屈もあって、やたらオネエな自分を誇示することとなりました。幼少のみぎり、女性的だということでいじめられたトラウマもあり、そのことを自分でもコンプレックスに思っていたので、反動が出たのです。態度物腰もやわらかく、というか、ベッタラな感じで、身につけるものもフリルの着いたものやら紫色のひらひらしたものだったり……といった様子。まあ、わかりやすくオカマっぽくなった。それが自由で、自分らしいことだと誇らしかったのです。

ところが、しばらくそうした「自分らしさ」の追求をやって、それなりに鬱屈した時代のうさばらしができたものの、いちばん大事なものが手に入っていないことに愕然とするんです。そう、恋愛です。大学時代にはすでに新宿二丁目のゲイバーなどに出入りして、他のゲイたちと交流していたわけですが、そのように「自分らしさ」を表現してあまりある自分がなぜかモテない。政治的に正しいはずなのに恋人ができない。どうしてなのだろう。理論的には間違っていないはずなのに（笑い）……とだんだん考えるようになります。

それで周囲のゲイたちを見回してみますと、モテるやつというのは、男らしい雰囲気を漂わせていたり、身につけるものでもそのときに流行っているものだったりする。よくよく考えてみれば、一般に求められている男という意匠を体現している人がモテている。そこで、自分でも、なるべく自己主張をしないようにして（オネエな性格を出さないようにして）、それなりに流行っている服を身につけて、言葉遣いも男らしく、態度物腰も野郎っぽく演出してみると、なんと、食いつきがそれまでとはまったく違ったのです！

ここでコペルニクス的転回がありました。そうか、性愛というのは、人格以前に、その人が表象している性別のイメージ、つまりジェンダーをめぐる「欲望」なのだ、ということです。たしかに、ゲイであってもストレートであっても、まず、性的感情というのは、相手の性別認知を経て生じます。たまたま好きになった人が男（女）だった、というのではなく、男（女）で、なおかつこれこれの属性で、これこれのタイプの人のことを好きになった、と記すのが正確でしょう。でなかったら、大方の人の好きになる相手の性別がこんなに一方に集中していることはない。反対に、発情が一義的に、相手の人格的な成熟度とか、コミュニケーション・スキルによって引き起こされるのなら、性愛の対象に性別は関係ないし、例えば、もっとご年配の方がモテモテになってもいいわけです（精神的に成熟しているのだから！）。つまり、「自分らしさ」と性愛の論理は相性がいいとはかぎらない。当時フェミニズムの標榜していたことは誰かの理想の一つであるかもしれないが、性愛のゲームの中でそれを実践するとちっとも美味しくないことがわかったのです。

それで、ぼくは、性愛とはジェンダー・イメージをめぐる「欲望」のゲームだ、という認識に至ります。男というジェンダー＝〈男制〉と、女というジェンダー＝〈女制〉の二つの組み合わせで生じるのが性愛、セクシュアリティと言える。異性愛であっても同性愛であっても、その二項を基本に成立しているのは同じです。そしてそのジェンダーの二元制とセクシュアリティとの関係を〈ヘテロ・システム〉と呼びました。後日、上野千鶴子氏が〈ヘテロ・システム〉では語呂が悪いと思ったのか、それを〈性別二元制〉という言葉に呼び換えて、おせっかいにも「伏見憲明さんの卓抜な命名である」とそれを評価し、吹聴してくれました（本当は命名したのは上野氏で、ぼくは考え方の図式を提出したのですが）。まあ、それはともかく、現在では当たり前としかいいようがない〈性別二元制〉という概念は、実は、十五年前にぼくの個人的な体験の中から生まれた性構造の捉え方でした。

ところが、これをその論理に合わせて実践すれば——マーケットで受けそうなある種の〈男制〉を体現してみせれば——たしかに性愛は満たされるかもしれないが、もう一方で、自分が抱える、〈女制〉蔑視から生じる部分のゲイ差別の問題が取り残されてしまうことになりました。ぼくは同性愛ということでも思春期に抑圧感を抱えざるをえませんでしたが、女性的な男性という部分——これはすべてのゲイに当てはまるとは言えませんが、少なからずのゲイに見られる傾向——でひどく攻撃された経験がありました。それは、男女のジェンダーの格差に根ざした蔑視でしたから、ぼくは〈女制〉差別の当事者でもあったと一面では言えます。女の子が男っぽいというのは疎まれる一方で、「男まさり」という言葉があるように受け入れられる余地もあり、ときには称賛される面があるのに対して、男が女っぽいと「女まさり」という言葉がないのは当然のこと、「女のくさったやつ」といったひどく否定的なレッテルが貼られたりします。あるいは、一つの病理としてさえ考えられたのです。

そうすると、性愛ゲームにおいて、ジェンダー間に格差のある〈性別二元制〉を体現することは、既存のジェンダー秩序を再生産することになってしまうことにもなります。性愛を欲望したり実践することで自分自身を差別する構造を踏襲し、温存してしまうかもしれない。この論理の中では、自分の欲望が自分を抑圧するという差別のスパイラルにはまってしまうことになります。

つまり、極論すれば、性愛を取るか、差別をなくすかの二者択一を迫られた、というふうに考えたわけです。性愛を生きようとすれば差別を再生産し、差別をなくすためには性愛を断念しなければならない。ただぼくはそのとき、どうしても差別をなくすために〈性別二元制〉を支えるジェンダー・カテゴリーを抹消しよう、とは思えませんでした。考えてみれば、そういうロジックはすでにラディカルなフェミニズムの中で言われていて、ある種のウーマンリブ運動では化粧やフェミニンなスタイルはいけない、といったことが真面目に実践されていました。女性性こそが男性支配を支えるものなのだ、と。だけど、口紅は駄目、パーマは駄目、スカートは駄目……とやっていくと、結局、ジャージをはいただけの薄汚い格好くらいしかできなくなって（笑い）日常が否定的にしかありえなくなってしまいます。そういう往年の女性活動家の理念に対する生真面目さは、端から見ていて抑圧的ということを通り越して、正直、滑稽に思えました。

余談ですが、八〇年代、上野千鶴子氏が登場したときに彼女の人気が高まったのは、かつての活動家と異なり、女性差別と闘いながらも、ルックスも含めて、彼女が自由に欲望を追求しているようで魅力的だったからではないでしょうか。それまでの教条的な女性の反差別運動とは一線を画しているように見えた。けれども結局彼女も、そう見えただけで、論理としては倫理主義のほうに回収されてしまったように見えますが……。

さて、この〈性別二元制〉の中で性愛の「欲望」は生み出されていますから、異性愛であれ、同性愛であれ、さらには女同士のジェンダー間の性愛であるレズビアンの関係であれ、それを求めるのならば、差別と抑圧の源泉である〈性別二元制〉に加担することになります【注5】。この観点からは、性愛は差別を元にして成り立っている欲望とも言えます。もっと言って性愛こそがジェンダー格差を再生産しているものかもしれません。これはとても皮肉な論理的帰結で、ゲイであることを解放しようと思ってはじめたことなのに、ゲイであることがゲイ差別を生み出している。あるいは、女であることをやめないかぎり女性差別から逃れられない、というパラドックスに陥ることになります。

現在のジェンダー論の中にも、もっと思弁的で精緻な表現で、同じようなことを言っている議論もあります。ある構造の中から差別や権力関係は生み出されているのだから、その構造において役割りを演じれば、差別の生産者になってしまう。その再生産を回避するには、差別の構造を分析、記述し、告発し、ノーを言い続けるしかない。あるいは、その構造を脱構築する契機を見つけることが重要だ、と。単純化し過ぎているかもしれませんが、こんな感じの展開になっているような気がします。もしプランを提出せずにそういう「言説的実践」ばかりをしているのだとしたら、ちょっと念仏教みたいですが。もちろん、こういうロジックを＝（イコール）ジェンダー論とするのは、多様なジェンダー研究においてはひどく短絡的でしょう。

十五年前、そのパラドックスから抜け出そうと、ぼくが考えたのはまさに折衷案で、性愛は私的領域の中で交わされる「ゲーム」だと了解し合い、一つのパロディとして遂行していく。つまり、その関係性は社会的な文脈とは関係ないものとすること。そして、新しい〈制〉の創造、既存のジェンダーとは異なる性別の形を模索し、少しずつ、差別を生み出すところの〈性別二元制〉を解体していく、というものでした。何かわかったようなわからないような結論なのですが、当時のぼくとしてはそのようにしか考えられず、不徹底で、抽象的なイメージに議論を持っていって逃げた、というのが正直なところかもしれません。無理やり言えば、これは、最近のジェンダー論の中で用いられる「パロディ」とか「撹乱」といった話しと似てないこともない（笑い）。

このようにかつてぼくが思索したことも、ベースのところでは、本来〈性別二元制〉自体が間違っていてそれを解体すべきところなのだけれど、そうしたら生きていることが面白くもなんともなくなってしまうので、とりあえず、少しずつジェンダーの内実を変更していくしかない、というものでした。方向としては、最終的にはジェンダー・カテゴリーの抹消を理想とする立場だったと思います。ここまでが『プライベート・ゲイ・ライフ』（１９９１）で提出した議論です。

「中性化」は誤解なのか？

昨今、「ジェンダーフリー」や性教育が、保守的な立場の人々と、フェミニストなどとの間で対立を生んでいます。この議論の中には、かつてぼくが性別というものをめぐって悩んだ問題がそのまま映し込まれているように見えます。もちろん、フェミニストが指摘する、「ジェンダーフリー批判派」は男女の役割分業を強化しようとする保守反動だ、単に過去へ回帰するのをよしとするバックラッシュだ、という見方が嘘だとは言いません。ぼくもそういう動きに対して少なからず警戒心を抱いています。が、「ジェンダーフリー」への疑問は、そうした一部の確信犯的な勢力ばかりでなく、もっと一般の人の漠然とした疑問を巻き込んでいるように感じるのは、ぼくだけでしょうか。

「ジェンダーフリー批判派」は、「ジェンダーフリー」は男女の性差自体を否定し、人間を中性化しようとするものだ、とキャンペーンを張ったわけですが、それに対して、「ジェン

「ダーフリー派」は、「それは誤解だ」として反論を展開しています。

ジェンダーフリーをスローガンとして掲げている人は、ジェンダーレス（性差否定）を目指しているのではなく、性別によって何かしらの不当な制限や差別をされることなく、多様な個性を選択、発揮できる状態を目指している。（『バックラッシュ！』2006）

ぼくは、この、性別による不当な差別なしに生きられる社会を目指す、という考え方にまったくもって賛成、共感するところであります。けれど、よく考えてみると、自分自身、「ジェンダーフリー」を性差否定とはっきり分けられません。そもそも性別という区分自体、言語（つまり文化）を通して成立しているジェンダー・カテゴリーです。染色体から性器、社会的な性別役割まで多様なグラデーションになっている性現象を、二分している分割線は「自然」ではなく社会、文化の力です。果たしてそういうジェンダーであるところの性別は、良いものか悪いものか。

九〇年代半ばまでのぼくの仕事は、自明であるとされた性を相対化することに力点が置かれていました。今では一般的になった、性を多元的な軸の中で多様に捉えるモデルを最初に考案したのもぼくです。男／女とか同性愛／異性愛とか、揺るぎのない前提と思われていたありようを、いろんな角度から検証し、脱本質化していったわけです。それは自分を自由にする作業のように思われました。こう生きなければならない、とする性の規範から解かれ、生き方の幅が広がっていったことは間違いありません。相対化によって、視界は広がり、社会的構築されたものなら、変えることができることにもなります。だからそうした懐疑的な思考を経ることには意味があるでしょう。しかし結果たどり着いたのは、ジェンダーも含め、すべてのカテゴリーはそうした言語（社会的な力）を通じて認識されたものだということです。野口勝三氏が指摘することですが、すべてが構築されたものだとしたら、構築されたということからは善し悪しについての判定は出てこない。それをどう判断したらいいのか、それが問題になってきます。

相対化を志向していた頃のぼくと同様、「ジェンダーフリー」のメッセージを受け取った人の少なからずが、そもそも性別を二分することが間違っていて、男女の性差をなくすことが正しい、と感じているのではないでしょうか。昨今の「ジェンダーフリー批判」を受けて、ジェンダー研究者や教育現場で働いている人たちが集まって催された〝「ジェンダー」概念を話し合うシンポジウム〟（２００６）で、学校教育の現場で「ジェンダーフリー」を推進されてきたパネリストがこんなふうに話しています。

……私たちは混合名簿などを使いはじめるときに、そういう特性論に基づいた男女平等教育ではないということを言うためにジェンダーフリーという言葉を使った、という経過があります。

しかしその後に認識が進み、性の二分法は間違っている、さまざまなジェンダーマイノリティの人もいるし、さまざまなグラデーションがあるということで、やはりこれまでの男女平等教育のように男女で分けることはよくないんじゃないか、ということで二つ目の意味としてジェンダーフリー教育を使うということになりました。それで、君／さんづけをやめるとか、色別をやめるとか、そういうようなこともやっぱりジェンダーフリーという考え方のなかで進んできたと思います。（『「ジェンダー」の危機を超える！』２００６）

この発言者は、やはり、多様な性の人々が存在するのだから、性別を二分すること自体が根本的に間違っている、と考えたのではないでしょうか。だから性別を二分する君／さんを使用しないようにするといった実践が行われたのだと思います。ぼくの知り合いの性教育をしている教員も、やはり、そのように考えて行動していました。「ジェンダーフリー批判派」に対して、「ジェンダーフリー」が性差否定だというのはまったくの誤解だ、と言うほどには、「ジェンダーフリー」と、性差否定や性別自体の抹消の間には単純に割り切れない難問があるように思います。

「ジェンダーフリー批判派」の言う、「ジェンダーフリーは男女を中性化しようとするもの」という表現は、性別区分を抹消することを理想としている志向、を指しているのだと思います。そういう意味では、「ジェンダーフリー」やジェンダースタディーズの思考の中に、そうした理念が入り込んでいない、とするのは無理があるでしょう。それぞれが明確に意識しているかどうかはともかく、性別を二つに区分すること自体を否定的に捉える傾向はたしかにある。

例えば、ぼくは以前、フェミニズムに洗礼を受けたような母親が読むある育児雑誌で、自分の息子をどのように育てたらいいのかわからない、という悩み相談に出くわしたことがあります。ジェンダーフリーということを考えると、子供に何を与え何を与えるべきではないのかは、たしかに考え込んでしまう事柄のように想像します。男の子として育てることと、男らしさにとらわれない子に育てることとはどこが違うのか。そもそも性の多様性を考えたとき、男という自己認知を与えること自体問題なのか。男らしさを強制しないためには、スカートをはかせるなど、服装からしてフェミニンなものもオプションとして与えておくべきなのか……そうした現場現場では混乱が生じるのは当然のことのように感じます。言説の空間では安直な概念と論理のゲームが許されても、現実の生活の中では深刻な心の不安を引き起こすことにもなりかねない。

そして、ジェンダー関係の研究者で、理念として性差そして性別を解体すべしと考えている人、つまりジェンダーレスを志向している人も少なくないのではないでしょうか。例えば、東大で社会学やジェンダースタディーズを学んだ若手の研究者に渋谷知美氏がいます。彼女はぼくとの座談会の中でこのように語っています。

伏見　……この女性というカテゴリーは、今後も必要だと思われますか？
渋谷　被差別的な状況が残っているあいだは、社会的な圧力と戦うために必要です。ただし、女性内部の差異に注意しながらね。
伏見　現状では必要であっても、理想的な状況を仮定するなら、女というくくりの消滅する、つまり男／女の区別がなくなる社会、ということですか？
渋谷　ええ、そういうことになるでしょうね。
伏見　なぜ？
渋谷　理論的帰結としてそうなるということです。フェミニズムは、基本的には、男女の非対称性を問題にしています。女が女であるゆえに不利益を被ることも問題なら、利益を被ることも問題。したがって、フェミにとっての理想的状況とは、性別にもとづく非対称性が限りなくゼロに近づく状況ですが、非対称性がゼロに近づけば近づくほど、男／女の記号はだんだん意味を失っていきます。正確に言えば、男／女の区別がなくなる状況が理想的なのではなく、理想的状況を追求していった結果、いやおうなく男／女の区別に意味がなくなる、ということです。「快楽記号」として個々人がそれぞれの好みに応じて男／女の記号を選びとることができるようになるのは、一度記号を解体したあとです。(『クィア・ジャパン』VOL・4、2001)

この手の議論においてはみんな、抽象的な言い回しでごまかす傾向があるような印象を受けますが、渋谷氏ははっきりと男女の非対称性が問題であり、それを限りなくゼロに近づけるのが目標だと断言しています。そして、多様なジェンダー(性役割)を選び取るのは、「解体の後」である、と。

ジェンダースタディーズの著名な男性論者である加藤秀一氏も、このように発言しています。

伏見　加藤さんの場合、ご自身のヘテロセクシュアル性が揺らぐことはないという確信があるからこそ、文化や社会制度で性差を二元的に設定しておく必要はない、という発想が生まれるのでしょうか？

加藤　ほうっておいても男／女に分かれるのならそれでいい、無理になくす必要はないとは思いますが、これまでの社会はべつに性差というものを自由にしてきたわけではなくて、むしろ力ずくで二元的な性差をつくりあげてきたとしか思えない。それならいっぺん破壊してみましょうよ、という感じですね。そのあとに何がでてくるのかわからない、結果的に男女の見分けがつかないような世界になるのかもしれないけど、それでもかまわないと。みんなが「自分らしく」生きながら何世代かを経て、なんとなく男女の枠組が残っていたとしたら、それはまあしゃあない（笑）、って感じでしょうか。

伏見　ぼくの感覚からいうと、ジェンダーというのは社会が無理やり構築した抑圧的な制度という一面もあれば、同時に人々が楽しんだり納得してつくってきた文化という、両面があると思う。だから、その内実を検討して、悪いところは変えていきましょうといったことがあるけれども、全面的な性差の解体が人々を幸せにするとは思わない。

加藤　あえてひとつのビジョンをあげろといわれたら、性差がいったん全部解体されて、人類みんなが中性もしくは無性になった世界をみてみたい、という願望はあるか

も。（『クィア・ジャパン』VOL・4、2001）

加藤氏はここでは、それを個人的な理想として語っているのでしょうが、性別を二元的に設定している状況が解体されるのを肯定的に見ていることは、否定できないでしょう。

八〇年代フェミニズムの一大スターであった上野千鶴子氏と小倉千加子氏も、比較的新しい対談でこう述べています。

上野　小倉さんは「女性性なんかいらない」と言ってるんですよ。刷りこみをなくせばいいと言ってるんです。女性性とか男性性とか言う必要はないということですよね。
小倉　そう、ジェンダーなんかいらない。
上野　最終的にはそうなんですけれどもね。
……〈中略〉……
小倉　それならセクシュアリティだって自己定義すればいいやないですか。具体的には、とりあえずいま女に起こってることは、そのうち男にも必ず起こることだから。男の中の格差が拡大して、女なみに転落する男が増えてきて、ジェンダーだけでは問題が語れなくなってくると思います。

上野　それこそ女性性、男性性というような、ジェンダー・カテゴリーの解体ではないのですか。
小倉　結果的にはね。ジェンダー・カテゴリーの解体が起こります。意図的にそれを起こすことも可能なんですよ。子育ての方法によっては可能だと思うんです。
上野　歴史的に見てもそれは可能ですよ。
小倉　それをしていけばいい。
上野　ジェンダー・カテゴリーが解体された社会というのが、フェミニズムがめざす社会の青写真だとしても、私にはそれがどういうものか、イメージすることができません。みんなが中性的になるという社会ですか、としばしば聞かれるけれど。
小倉　それはいちばん大きな誤解ですね。よく言われる誤解。そうではなくてジェンダーはあってもいい、演じてもいい。むしろ「男制」「女制」は無形文化財として貴重な財産です。ただジェンダーという制度の中で、型通りの「恋愛」という安易で陳腐な関係を強制されるのは、あんまり見たくない。ジェンダーは行動の型、感情の型です。まずは、型から人間を解き放ったらいいんです。
上野　それも不徹底ですね。ジェンダー・カテゴリーそのものがなくなるんじゃないとね。ジェンダー・カテゴリーの定義というと、二つしかないということになっていますが。

……〈中略〉……

上野　……セクシュアリティに性別は無関係になり得るかと問われたら、想像は難しいけれど、あり得るんじゃないかと、今なら答えます。ジェンダー・カテゴリー抜きでも性的であることは可能である、と。

小倉　セクシュアリティはものすごくアナーキーなもんです。想像してみればわかるやないですか。（『ザ・フェミニズム』2002）

ちょっとわかりにくいのですが、ここでも二人の会話はやはり性の非対称性はなくしたほうがいいし、それなしでも可能性としてセクシュアリティはありえるんだから、いいじゃないか、という方向で話が展開されています。電信柱を見ても欲情する人はいるわけですからジェンダー・カテゴリーがなくてもセクシュアリティはあって不思議ではない（笑い）。しかしそれは可能性としてはあるかもしれませんが、だからといって、それをもって既存の性愛を全否定し、ジェンダーによらないセクシュアリティのほうがいいとするのならば、それは多くの人々にとってどうでしょう。ただ彼女たちにしたら、差別をなくすことがすべてにおいてのプライオリティで、それゆえこうした結論になるのかもしれません。

もっと理論的な議論の中でも、性の非対称性はそれ自体否定されています。ジュディス・

バトラーの翻訳者として名高い理論家の竹村和子氏と、上野千鶴子氏の対談を見てみましょう。

上野　……私流に言い換えると、ジェンダーというのが、あくまで権力関係の用語だということなんですね。「ジェンダー」という概念が拡がった時、フェミニズムというとイズムだから、イズムは避けてジェンダーにすると価値中立的に聞こえてこっちのほうが流通しやすいという妙な誤解がありました。ところが、デルフィ、スコット、バトラーというふうに決定的なステップを踏んでいったポスト構造主義のジェンダー論の中で、ジェンダーが項ではなくて差異である、しかもその差異は、非対称な権力関係であるということが明晰に示されていきます。

竹村　そうなるとこの場合、厳密に言えば「差異」(differences) という言葉は適切ではありませんね。差異はむしろわたしたちが認め、追求すべきもので、差異を権力によって階層化する「差別」(discrimination) が問題なのです。

…〈中略〉…

竹村　……しかしそのような性の非対称性、性の社会的不平等がなぜ起こるのかということを突き詰めないかぎり、性の非対称性は解消しても、心的偏見は残ります。いやおそらく解消されないでしょう。つまり、社会的な性の非対称性は、より個人的と言われている領域――寝室のなか、ベッドのなか――の性配置と同延上をなすものなのです。エロスの行為、エロスの表現、エロスの幻想のなかに、権力がどのように介入しているかを考えていかないかぎり、フェミニズムは中途半端に終わりますし、いつの間にか個人的な領域は侵すことができない《アンタッチャブル》聖域となって権力に回収され、フェミニズムは衰退していくでしょう。

…〈中略〉…

竹村　……セクシュアリティはジェンダーの非対称性に汚染されています。……歴史的カテゴリーであるジェンダー区分の「偶発性」を隠蔽しようとして、「基盤的な事実」としての男女の身体区分を捏造するときに語られる、エロスにまつわるフィクションがセクシュアリティです。セクシュアリティというのは、あくまでそのパラダイムのなかで機能する概念であって、確実に抑圧的なものだと思います。それよりも抑圧が少ないかたち、あるいは違うかたちのエロスの様態が登場してくるのは事実だと思います。（『ラディカルに語れば…』２００１）

ここでいうジェンダーは、ある項を指すのではなく、権力関係を考察する分析概念だということなのかもしれません。が、ぼくのような素人が読むかぎり、そこにも、性の非対称性は解消すべきものであり、性愛という私的領域もそのものが問い直されるものとして考えられているように読めてしまいます。ジェンダーによって成り立っている性愛は「汚染」されていて、そもそも間違ったものである、と。

これまで見てきただけでも、渋谷知美、加藤秀一、上野千鶴子、小倉千加子、竹村和子氏といった、世間的に見れば現在のフェミニズム、ジェンダースタディーズを代表するような論者の方々が、理想状態として、性の非対称性、性差ひいては性別解体をも理念的に追求しているといった印象は拭えません。もしかしたら、ぼくの誤読かもしれませんが、少なくともぼくのような学識のない人間や、一般の人がそうと受け取っても無理はないでしょう。「ジェンダーフリー批判派」の疑念もその辺りにあるのだと思います。これらをもって、ジェンダーフリーやフェミニズムやジェンダースタディーズが、性を中性化しようとしている、とすることはできないでしょうが、「性別によって何かしらの不当な制限や差別をされることなく、多様な個性を選択、発揮できる状態を目指している」というような主張と、これらの人々の理論の間がどのようにつながっているのかが、どうにもわかりにくい。

保守派VSジェンダーフリー

少し前、東京・国分寺市が都の委託事業である「人権講座」で上野千鶴子氏を講師に迎えようとしたところ、彼女がジェンダーフリーという言葉を使用する恐れがあるからいけない、と認められなかった件がありました。上野氏は都などに対して、そもそも自分はジェンダーフリーという言葉を使用しないのにそれを理由に講演者の資格を与えられないのはどういうことか、と抗議したそうです。それは当然のことで、事実にもとらない理由で一方的にそれを拒絶したのなら、大問題です。ジェンダーフリーに対する批判の中で起こった行政サイドの過剰反応なのでしょうか、これが本当だとすると、都側のやり方に問題があるのは言うまでもありません。ただ、ここで取り上げたいのは、その事実関係ではなくて、これに関して交わされている議論の内容です。この件に際して、上野氏を援護しようとジェンダー研究者などが抗議の声明を発表しました。以下、その文面です。

ジェンダーは、もっとも簡潔に「性別に関わる差別と権力関係」と定義することができる。したがって「ジェンダー・フリー」という観念は、「性別に関わる差別と権力関係」による、「社会的、身体的、精神的束縛から自由になること」という意味に理解される。

したがって、それは「女らしさ」や「男らしさ」という個人の性格や人格にまで介入するものではない。まして、喧伝されているように、「男らしさ」や「女らしさ」を「否定」し、人間を「中性化」するものでは断じてない。人格は個人の権利であり、人間にとっての自由そのものである。そしてまさにそのゆえに、「女らしさ」や「男らしさ」は、外から押付けられてはならないものである。

しかしながら、これまで慣習的な性差別が「男らしさ」「女らしさ」の名のもとに行われてきたことも事実である。ジェンダー理論は、まさしく、そうした自然らしさのかげに隠れた権力関係のメカニズムを明らかにし、外から押し付けられた規範から、すべての人を解放することをめざすものである。

「すべての人間が、差別されず、平等に、自分らしく生きること」に異議を唱える者はいないだろう。ジェンダー理論はそれを実現することを目指す。その目的を共有できるのであれば、目的を達成するためにはどうすべきかについて、社会のみなが、行政をもふくめて自由に論議し、理解を深めあうべきである。――呼びかけ人　若桑みどり〈イメージ&ジェンダー研究会・ジェンダー史学会・美術史学会・歴史学研究会〉／米田佐代子〈総合女性史研究会〉／井上輝子〈和光大学・日本女性学会〉／細谷実〈倫理学会・ジェンダー史学会・関東学院大学〉／加藤秀一〈明治学院大学〉

（「上野千鶴子東大教授の国分寺市「人権に関する講座」講師の拒否について、これを「言論・思想・学問の自由」への重大な侵害として抗議する」2006年1月）

情けないことですが、ぼくには学者のみなさんが書かれたこの文章の論理構成がよくわかりません。引用した文章の一段落目と二段落目の論理的なつながりがまったく理解できないのです。二段落と三段落との接続もはっきりしません。ぼくはこれまでジェンダーというのは社会的な性役割だけでなく、個人に内面化された規範に関わる概念だと考えていたし、それを問題にしてきたのがフェミニズムでしょう。それが、《したがって、それは「女らしさ」や「男らしさ」という個人の性格や人格にまで介入するものではない》という主張になるのは、どうもキツネにつままれたような気がしてきます。

前に引用した加藤秀一氏も声明に参加しているのですが、もはやぼくの日本語力では、先に加藤氏が言っていたことと、ここに書かれている内容を並べて、それをどのように理解していいのやらわからない。「介入」という言葉の意味にもよると思うのですが、前の発言では、あきらかに性の非対称性自体を解体することをよしとしているように思えるわけです。

そもそも第二波フェミニズムは、「個人的なものは政治的なもの」という考え方によって、私的領域こそを問題視した。それは先の件の当事者である上野千鶴子氏が再三発言しているものです。ということは、フェミニズムが、内面に「介入」したり、「中性化」を目指すものではない、とは到底言い難い。「介入」ではなく「問題にしている」のだ、ということかもしれませんが、そこに性の非対称性を解消する方向性が含意されていないとは思えません。フェミニズムやジェンダースタディーズのすべてがそうした理路になっているとはかぎらないのですが、上野氏のような考え方と「ジェンダーフリー」のどこが違うのかが見えてこないのです。こうした疑問は、いまのジェンダー研究に対して誰もがもって当然だと思います。

現象学の立場からジェンダー問題も考察する野口勝三氏は、何が差別なのかといった定義や、どんな原則からそれを解消すべき事柄だとするのかが明確にされないから、「ジェンダーフリー」は誤解や問題を生じていると批判しています。

性別に基づく不合理な扱いを受けるということが性差別として定義され、解消されるべき目標となるわけですが、不合理な扱いがどういう原則によって定義されるのか、ということがはっきりしていないと、絶対平等の理念に流されてしまう。（『現代性教育研究月報』2004年4月号）

先の上野千鶴子氏擁護の声明に対して保守的な新聞と言われている「世界日報」はこういう記事を一面トップに掲げました。

……今回の抗議文が示すジェンダーは、「それ自体に差別や支配被支配の関係を含む概念」という意味合いがある。到底中立的概念とは言えないものだ。ジェンダーフリーは、「束縛から自由」にするものであり、歓迎すべき用語となる。これは「ジェンダーフリーという用語は使わないようにする」という政府や都の方針と真っ向から対立する考え方だ。

この極端なジェンダー解釈は、フランスの社会学者で唯物論フェミニスト、クリスティーヌ・デルフィの説を基にしていると言ってよい。

上野氏も著書『差異の政治学』でデルフィのジェンダー論を、階層性、権力関係を組み込んだ、などと解説し称賛している。

デルフィの学説は「セックスがジェンダーを規定するどころか、ジェンダーがセックスに先行する」（同著）などという一般国民には理解不能な学説であり、デルフィ本人は、仮説にすぎない、と述べているもの。（「世界日報」2006・1・31）

この「世界日報」の上野氏に関する理解は、そんなに間違ったものではないでしょう。上野氏自身はなかなかくせもので、自分では「ジェンダーフリー批判派」が攻撃しているジェンダー、ジェンダーフリーをめぐる思想そのものの是非をめぐる議論には乗っかっていません。この件に関しては、あくまでも事実関係と、思想統制といった観点で応戦しています。それはそれでけっこうなのですが、やはり、「ジェンダーフリー」をめぐる議論の本質は、性の非対称性自体をいかに考えるのか、性差、性別を解体することが目標なのか、あるいは、何をどこまで平準化すべきなのか、といったところにあると思います。しかし現実を生きる人間が、そのことをどう考え、実践したらよいのかの指針が、どうにも見えてこない。表立って目立つ「ジェンダーフリー批判派」の報道などの背後で、そのような疑問やら不満がそれなりに存在しているのではないでしょうか。

上野氏自身の講演云々の件はともかく、こういう議論のチャンスだからこそ、自らの信じるところをはっきりと主張して論議を深めたほうがいいと思います。渋谷知美氏のように明確に、性差解体がその思想の論理的帰結である、と発言して、正面から議論をするのも一つのやり方です。

ぼくには、「ジェンダーフリー」をめぐる軋轢を、保守対革新、弱者対体制といったありがちな対立図式の中に落とし込んでしまうのは、問題を本質からそらしてしまうことにしかならないと思います。ここでは、左右の対立だけではなく、理論というものと、生活感覚というものが摩擦を起こしているように見えるからです。学問の世界の中で抽象的に議論している分には、わかったようなわからない話しだけですみますが、それが現実の生活の場で適用されるときに、ぼくらが生きているナマの感覚と、理論との間に大きな齟齬が生じる。愚直にそれを実践した場合、とまどわざるをえない場面は容易に想像できます。

小倉千加子氏の言うように、子育てにおいて子供を既存の男/女ではないようにする試みだって、理論のほうからは当然要請されることでしょう。しかしそうした養育をなされた子供ははたして幸せになるのか。もちろん親にとってもそれは幸福なことなのか。社会は混乱しないのか。あるいは、ぼくが悩んだように差別をなくすために性愛から降りることだって、理論的に強要されておかしくない。そういう生き方をぼくらは是とするのか……。こういうふうに、「ジェンダーフリー」の考え方に対してどうもすっきりしない感覚が、批判を消極的に後押ししている世論にもあるのではないでしょうか。

戦略としての性差解消

たしかに、性の非対称性が解消されたら、女性差別はなくなるでしょう。そもそもの区別がなくなれば差別も生まれるはずがないので、それは当然です。差別をなくす、ということが、生きることの何より目的であるのなら、その戦略は間違ってはいないかもしれない。

その是非は別にして、それは可能なのでしょうか。社会学者の橋爪大三郎氏は、ぼくの質問にこう答えています。

(性別は)簡単にはなくならないと思います、これはかなり強固なものだから。家族というものがなくならず、出産のやり方は選択的になったけれど、家族を再生産するのには男性と女性の役割が大事であり、父とか母とかいう概念に意味があると、みんながまだ思っている間は。そういう人たちがまだマジョリティのうちは、その人たちにしてみれば、男女の区別がなくなることは、自分たちの行動パターンの基礎を堀り崩すものになってくるわけで、当然、文句も言いたくなる。

伝統的な文化では、相手の性別を知るだけで、相手の行動がある程度、予測可能になっていた。男女の別があると、話が簡単になったのですね。それがなくなってしまうと、具体的な人間関係をつくろうとする場合、すごく手続きが複雑になってしまう。そういう社会的コストを、すべての人に要求するというのはかなり大変なことです。

……〈中略〉……

コストを払えば、利益はあるかもしれない。けれども、コストが高すぎたら、誰もそんなことしませんね。性的行動の様式に関しても、いま、男性／女性という伝統的なやり方で、それなりにうまくいってるのに、これをすべてなくして一から始めようということになると、そこから利益もあるのでしょうが、当面ものすごいコストがかかる。（『性の倫理学』２０００）

また、野口勝三氏はこう指摘しています。

……性別というルールが絶対で変更不可能であるということではなく、性別に基づくゲームが存在してはならないという超越的な根拠は存在しないということです。都合が悪くなれば、成員同士によってよりよいルールを設定すればよいわけです。

……差別をなくすために性別自体を解消する、のような一種のユートピア的絶対平等の考え方は、多くの人が理想とすることではあるけれど、その実現は強大な権力といういうものを前提条件としますから、そうした権力の行使に万人の同意が取れるはずがないんです。（『現代性教育研究月報』2004年4月号）

つまり、橋爪氏にしても野口氏にしても、性別がなければならないことはないが、いま、性差別をなくすために性別自体を解体するプランは、差別の痛み以上のコストを払わなければならない、という見方のようです。政治権力を使って強引にやるのなら、まさにポル・ポトのようなことをしなければならなくなるでしょう。

権力云々以前に、この方向性で実践をしていこうとすると、生活から面白さとか楽しさ、艶っぽさというものを一切排除しなければならなくなります。人間の喜びの多くは、性にまつわることからくみ出されることは間違いありません。どの映画やドラマを見ても、恋愛をテーマにしたものが中心ですし、流行りの歌はほとんどがラブソングです。もし差別をなくすためにとりあえず性別や、それを基にした性愛を排除する、としたのなら、現実に恋愛をしてもいけない、ユーミンや中島みゆきを聴くことも駄目、恋愛小説も読めない、ファッションもジャージとか、かつての中国の人民服みたいなものしか許されないはずですし、あるいは、女子のフィギュアスケートのような女性性を強調するようなスポーツもありえなくなってしまいます。

ぼくらの日常の快は、ほとんどそうしたジェンダー・カテゴリーを基盤としたところから発生しているので、生きていることの楽しみが相当奪われて、(少なくとも現在のぼくらの感覚からすると)モノクロの世界にいるように味気ないものになってしまうのではないでしょうか。それは差別と同様に、不幸なことのように想像します。ここで、差別をなくしたいというところから発生した「欲望問題」と、日常に存在する「欲望」の多くは明らかに対立することになります。

昔の活動家は生真面目な人たちが多かったので、「正しい」とされたことを実際に実践したわけです。そうすると、ぼくが先に言ったようなジェンダーレスの滑稽なありようが体現されることにもなった。けれど、いまどきの理論の中にいる人たちには、そのような誠実さはないのかもしれません。自分の生活と、理論的な言説的実践は平気で分けて考える人もいるように見えます。この差別と抑圧に満ちた社会の中で、か弱き個人として生きていくときには、妥協や矛盾をしても何の問題もないという、ある種の開き直りがそこにあるのでしょう。だから、言説で言われていることの滑稽さは、抽象性の中に隠蔽され、そこで論理の一貫性だけが保持されることになります。

ジェンダーの何を変えるべきなのか？

ぼく自身、最初に述べたように、自分の立てた論理図式の矛盾につまづき、そのことにずっと疑問を引きずってきました。なんとなくジェンダー、性役割というのは社会的、文化的に作られたもので、そこに本来的な根拠はないのだから解消すべきだ、といった感覚があったわけです。けれど、本当にそういった理解でいいのか、あるいは、何を解消して何を残すべきなのか、という疑問が次第にふくれあがっていきました。それで、少し前にずいぶんいろんな人にジェンダーについてのインタビューをすることとなりました。その流れをここで紹介しましょう。

生物学的な立場では、山元大輔氏がこう述べています。

……性役割ということにしたって、何をもって作られたもので、何をもって元々あるものなのか、という問題がある。ある意味では、あらゆるものは作られたものだとも言える。要するに、遺伝的なものは元々あるもので、それ以外は作られたものという話自体が馬鹿げていて、遺伝子というもの自体が進化の中で作られたわけです。どんどん変化している。今の人間の性差というのも、何万年という時間での生活様式だとか集団の行動だとかによって作られてきたものであって、変化してきた。(『現代性教育研究月報』2002年11月号)

生物学的な側面も含めて、すべては作られてきたものだと考えることはできます。「自然」というものだって、さまざまな環境によって変化してきたわけだから、まさに構築されたもので、生物学的な性差、物質的な性差も、外側からの作用によって作り出された効果だという面を否定できません。作られたという意味ではいっしょで、何が社会によって作られたのか、何が社会ではないものによって作られたのかは、はっきり分けられなくなります。だとすると、作られたということをもって解消すべき根拠とすることはできません。すべては作られたものなのですから。

フェミニズムを標榜する立場にもさまざまあるようで、江原由美子氏は、ジェンダーとは何か、という趣旨のぼくの質問にこう答えています。

江原　「ジェンダー」をどういうふうに教えるべきか、整理すべきかというのは、研究者の間でも議論が分かれるところ。私自身はこの数年一貫して、「性や性別に関連する社会的文化的に構築された知識・意識」と言ってます。
……〈中略〉……
私は、性別についての固定観念を前提とした社会制度を解体しろと言ってるんですね。それに性別を解体するってどういう意味なのかよくわからないところがある（笑）。
伏見　性別があるからこそ、その差異が差別を生みだしているということではない？
江原　私はそういうことは言ってないです。
伏見　ジェンダーは作られたものだからいかん、という議論は？
江原　社会構築主義を、「社会的に構築されたものはすべて嘘」という主張だと考えるのは間違っている。それだと、すべて嘘、となってしまう。構築されているから悪いとかいうことではない。（『現代性教育研究月報』２００３年５月号）

江原氏は、ジェンダーは性や性別に関連する事象を考察するときの分析概念ではあるけれど、「それ自体が価値評価に結びついているわけではない」とも言っています。ここら辺は上野千鶴子氏や竹村和子氏の考え方とは一線を画しているようにも思える。上野氏や竹村氏は、ジェンダー化すること自体が権力的な関係を生み出していると否定的に捉えているようですから、ジェンダーは価値評価と結びついていることになります。

社会学者の吉澤夏子氏は、性別自体は否定するべきものではない、という考え方をしています。

伏見　もう一度話を根本のところに戻すと、性別、性差というのが差別の根源だという見方がある一方で、性別があるから楽しいとか、そこから生きている意味を汲みだせるという観点もある。としたら、性差というのは解体すべき、あるいは抹消すべきものなのでしょうか。

吉澤　「すべき」と言うと規範的な主張になってしまいますが、私はそうは考えません。むしろ、性別というものが固定化して、そのことが構造的、持続的にある不平等感というものを醸成するような装置として働くことがないような社会を実現することが大切だと思います。性別があるのはいいんですけど、ただ性別に則してそういう構造が出来上がっている社会――私たちが言うところの「男社会」「男性優位社会」――が問題なんです。私は、男であることや女であることが、ただ単にその人の個性の一部、個性のきらめきの一つに数えられることが望ましいと考えます。男であるから優位に立てるとか、女であるということが有徴になってしまうことがないような社

会が、本当に平等な社会だと。（『現代性教育研究月報』２００３年３月号）

男性の立場でジェンダー論を展開している瀬地山角氏も、こう言っています。

性別に基づいて生活が決められている、ということに根源的に問題があるのですから、それは女性だから男性だからということだけに関わらないわけです。だから、ジェンダーの問題を捉えるときに、それを権力の問題、男による女の支配というレベルだけで見るのではなく、性別からの自由という視点で捉えてみる。（『現代性教育研究月報』２００２年10月号）

江原氏や吉澤氏、瀬地山氏が問題にしているのは、ジェンダー、性差そのものではなく、それが固定化され、性別によって縛られてしまうこと、ということのようです。これは、近年「ジェンダーフリー批判派」からの攻撃にさらされている性教育者の村瀬幸浩さんなども、同様のことを言っています。

ジェンダーというのは社会的・歴史的に作られた性差、性別意識のこと。つまり、男だから、女だからこうあるべきだと、性別によって分けられてしまう生き方。で、そういうものにこだわらない生き方がジェンダーフリーだと考えます。よく誤解されるのは、ジェンダーフリーだから男女の便所は同じでいいのとか、風呂もいっしょでいいのかと攻撃する人がいるのですが、それはフリーではなく、ジェンダーレスというんですね。ジェンダーレスは性差を一切なくしてしまおうというものですよ。

…〈中略〉…

ジェンダーの枠組みにはめこんで、精神性も含めてその人らしい自由なあり方を抑圧するような文化や慣習を見直していく、というメッセージを伝えていくことが大切なんじゃないでしょうか。…〈中略〉…ジェンダーで社会は成り立っているのは事実ですから、男と女の文化にそれぞれ一旦は適応させることも必要だと思います。その上で、それは自分に合わないだとか、そうしたくないという個人を許容していくことが大切だと。初めから男も女もないんだとやっていくのは、かえってアイデンティティを混乱させることになるのでは。(『現代性教育研究月報』2003年8月号)

村瀬氏の考え方も、性別というものをなくすということではなく、それにこだわらない生き方を目指そうという辺りのことのようです。そしてジェンダーレスとジェンダーフリーを区別することで、それは性の非対称性の完全な解体とは一線を画しています。

しかし、厳密にいえば、性別は身体によって成立しているというよりは、社会の規範によって区分されている、つまりジェンダーだと言うことになる。ジェンダーによってセックスは作られている、というのはこういう見方で、これは言語や認識の水準で考えれば間違っていません。性同一性障害の人たちの戸籍変更が認められたことなども、まさに性別がジェンダーであることの証左です。とすると、ジェンダーレスとジェンダーフリーの境界は最初から設定されているわけではなくて、どこかのレベルで引くべきものだということになります。男女という二元的な設定は残して、男らしさ/女らしさは解消していくということなのか。男らしさ/女らしさの中でも服装やトイレの区別は残しておくべきなのか……等々、そのあたりをどう考えていくべきなのか。

さらに、現場の実践においても、ジェンダーレスとジェンダーフリーの境界は、さまざまな問題を孕むことになっています。「性別にこだわらない」という発想からは、結局のところ、男女の区別を強調することがよくないという議論が幅を利かせることになります。それを論拠にして、一部で、公教育の現場において、「君/さん」の区別をやめて「さん」に統一するということが求められたりするようになる。けれども、区別することが強調することなら、女性の教師がスカートをはくことも、男性の教師が男言葉を使うことも、生徒のモデルになるべき人間としてあるまじき行為になる、と言われても仕方ない。論理的には、性別区分を表現することはすべて強調することになりかねないわけです。どこまでの強調はよくてどこからの強調はよくないのか、その程度は誰が決めるのか、どういう場ではどういうふうに考えるべきなのか。やはり、その基準をどこに設定するのかという部分に、踏み込まなくてはならなくなってきます。

そういった「ジェンダーフリー」をめぐる教育現場の方針、あるいは行政の施策に対して、小浜逸郎氏は批判的です。

小浜　……なぜジェンダーというものが歴史的に積み重ねられてきたのかと問うと、やはり、そこには自然を土台にした男と女の性差がある、という考え方にたどり着かざるを得ない。

……〈中略〉……

……性差別の根源は性差にあり、だから性差をなくせ、という単純なラディカル・フェミニズムの言説が地方行政の中などに浸透していった。その結果、現在のジェンダーフリー教育のようなことが行われるようになったわけです。……〈中略〉……

伏見　小浜さんは性差をなくすという方向に関しては……。

小浜　それは不可能だと思いますね。さっき述べたように自然的なものを基盤にしてジェンダーを作ってきたという歴史がありますから。

男がいて女がいるという、その違いを仲立ちにして、愛とか結婚とか出産とか人生の重要な事柄が展開していくわけですね。何のためにそれをなくす必要があるのか、なくすと今よりすごくよくなるのか。そのへんまでの想像力を持って主張しているフェミニストの人たちがいるのか疑問です。私は、それでは人間が平板になって面白くなくなる、と。（『現代性教育研究月報』2004年2月号）

…〈中略〉…

小浜氏においては、再びジェンダーの根拠は生物学的な基盤に差し戻されています。現在のジェンダーが歴史的に積み重ねられてきたのには、それ相当の合理性があったのだ、と。その理由がどこまで生物学的な要因にあったのかはともかく、作られてきたからいけない、という短絡的なことは言えないのはたしかでしょう。なぜなら作られたからといって悪いものばかりとはかぎらないからです。やはり、いったい何を悪いとするのかどうか、という問題が浮上してきます。

そして、小浜氏は、性差があるから抑圧が生じる面もあれば、それがあるから面白くなっている面もあるのだと指摘し、すべてなくせばいいというものではない、中庸であることが望ましいとも主張しています。ただし、女性の社会進出を否定するものではないし、行き過ぎた男らしさや女らしさの解消はやぶさかでない、という立場です。

ちなみに、自民党の「過激な性教育・ジェンダーフリー教育実態調査プロジェクトチーム」の事務局長・萩生田光一氏も、《性差別によって能力ある女性が管理職になれなかったり、給与に差がつけられたりという状況は改善すべきだと思っている》と発言しています（朝日新聞2006・3・23）。男女の間の社会的な差別を撤廃するのは賛成だが、習俗や個人の内面の問題にそれが用いられることに危惧を抱いているのだと言う。つまり、少なくとも建て前としては、保守的な層においても、女性の社会進出や社会的な差別撤廃のコンセンサスは得られている、と言っていいでしょう。

野口勝三氏は、先の村瀬幸浩氏の主張を引き受ける形で、それを根拠づけようとしています。

ジェンダーレスとジェンダーフリーは違うと主張している人たちは、性別自体を問題にしているのではなく、性別区分の合理性を問題にしているといいます。非合理的な区分を解消するのだ、と。その発想自体は正しいと思いますが、合理と非合理を分

ける根拠が十分に練り上げられていない。（『現代性教育研究月報』２００４年４月号）

野口氏は、「ジェンダーフリー派」や性教育の人たちの議論が不徹底だと批判します。ジェンダーフリーとジェンダーレスを分けるのはいいが、解消すべきものが何なのかの根拠がきちんとした原則として提示されていない、と。だから雰囲気に流されてさまざまな実践や主張がなされて、混乱を引き起こしていると主張します。また、ジェンダーフリーの名のもとに新たな男女の規範が、行政や公教育によって強制されることに関して、強く批判を加えています。それはジェンダーの国家管理である、と。

そうした上で、彼は、合理性を欠くジェンダー、解消すべき性差の根拠をいかに考えるかについて、自身でその原理を提出します。《そこで差別という事象の定義をはっきりさせる必要があるわけですが、差別の定義も市民社会の原則を置くことで見通しがよくなります》（同誌）。彼の議論はリベラリズム、市民社会的前提の中から取り出されています。が、野口氏の立てた原則についてはこれ以上ここでは踏み込みません。その是非や、別のプランを提起する任はぼくの能力を超えています。みなさんに『性という［饗宴］』（２００５）での彼との対話を読んでもらって、その原理を検討してもらうことにしましょう。

これまで見てきたように、よほどの伝統主義者でないかぎり、現在の性の役割分担のありようを手放しで称揚する人はいないだろうし、また逆に、よほど生活世界から遊離していないかぎり、ジェンダー・カテゴリーそのものを抹消すべしという議論も立てられないと思います。野口氏の提出している原則も含めて、これからその線引きをどういった基準で考えていくのかが問われることになります。重要なのは、そうした具体的な原理原則がなければ、ジェンダーフリーとジェンダーレスを分けることは難しい、ということ。なんとなくの性差別反対論では、現在叫ばれている「性教育批判、ジェンダーフリー批判」のような、性別そのものを否定しているのではないか、という疑念から生じている反発に、根本的に応えることはできないでしょう。

いま必要なのは、「過激な性教育」「性を中性化する」「バックラッシュ」「完全な誤解」といったレッテルばりや非難し合うことではなく、ジェンダーレスとジェンダーフリーの線引きをどう考えるか。どういう場合には性の非対称性を解消させ、どんな場で何を是正することが公正なのか、をもう少し冷静に議論してみることだと思います。ぼくから見ると、事実ではなくイメージでジェンダーフリーを非難する「ジェンダーフリー批判派」は偏見にしばられていますし、かなり情緒的です。そして、それをすべて誤解であるとする一部のフェミニズムや「ジェンダーフリー派」も、もう少し一般の人に届く議論や、あるいは、専門家の間でも根本に返った議論をしてみる必要があるのではないでしょうか。

しかし、いまある〈性別二元制〉の原理そのものを否定する立場からは、ジェンダーフリーとジェンダーレスのどこに線引きをするか、といった議論は出てこないのかもしれません。基準というのは、共有しているものの中から取り出されるものですが、その土俵自体がいけないとしているのなら、当然、そこからコンセンサスを積み上げていこうということにはならない。となると、自分たちの感性にしたがって、それは差別である、権力関係であると、ノーを言い続けるしかなくなります。ノーを突きつけることで何かが変わる、生まれるという可能性もありますから、それをいけないとは言いませんが、そうした物言いだけでは、昨今の、ジェンダーフリーを「過激な思想」とする立場と、ジェンダーの非対称性自体を解消すべしとする立場の、二項対立の構図にはさまった迷路を出ることにはならないはずです。

「欲望問題」としてのジェンダー

繰り返しますが、ぼく自身、かつてジェンダー・カテゴリーの解体を実現すべく理念としたところがありました。現実的な適用に関しては違和感があったので、中途半端な折衷案を提案したのですが、目標とする理想はそこにあると思っていた。けれどいまはそう考えていません。もちろん、既存のジェンダー秩序をよしとするわけではないし、改善すべきところも多々あると思っていますが。

その問題に言及する前に、ここではまず、人類学者の古市剛史氏に伺ったお話しを紹介しましょう。

古市氏はニホンザルなどの研究をされている方です。彼が言うには、ニホンザルの社会では順位が上がれば上がるほど、他の雄に邪魔されずに交尾ができるようになるのだけど、雌のほうはそれにしたがって雄に慣れ親しんでしまって、あまり性欲を感じなくなるのだそうです。雄はえらくなるほどモテなくなる。さまざまな研究によると、どうも血縁的な近しさを測る一つのバロメーターである「親しさ」は、交尾を避ける力として働くらしいのです。で、ボスザルは力はあるので、気に入った雌を囲い込んだりして、モテなくなる曲線をパワーアップ曲線で補うことになるのだけど、ボス以上の地位はないので、どんどんモテなくなっていく。それであるときに、自分の中でバランスが取れなくなって、その群れから蒸発して、他の群れで下っ端からやり直すことになる、と。(『現代性教育研究月報』2003年6月号)

この話しをそのまま人間にパラフレーズすることはできないのですが、ぼくがハッと気づかされたのは、ぼくらはどうも資源の分配とか権力関係といったことにプライオリティを置いて考えすぎているきらいがあるのではないか、ということです。このニホンザルの場合、いわゆる「権力」を志向していっても、それによって性愛の充実が損なわれると、ある時点で「権力」を手放してしまうわけです。彼にとって「権力」よりも性愛のほうが大事だったのでしょう。人間にしても、社会の中でパワーを持っていることと、モテるということが対立するとしたら、どちらを選ぶのが幸福であるのかは人それぞれの価値観、感受性に寄る。権力と性愛のどちらに先験的にプライオリティがあるわけでもありません。社会的なポジションの問題と、性愛の充実のどっちが幸福かは、本人以外は決められない、ということです。

「欲望問題」として第一章で述べてきたことに言い換えると、「正義」とか「正しさ」というのは、結局のところより多くの人たちが幸福を得るための模索の中から出てくる「方向」のことです。人々の実感する心地よさの外側に「正しいこと」があるわけではないし、そんな「正しさ」があっても、それは誰かが勝手に言っているだけのものにすぎない。やはり、「正義」はこの社会の中の、ぼくらの日々の実感にその根拠が置かれてることになります【注6】。みんなの快の集積の中から何が「正義」かは、事後的に確認されることになるわけです。ですから、究極の問いとしての、差別をなくすか、性愛を肯定するのか、どちらに「正義」があるのかは、人々の選択そのものにあるといってもいい。現実的にはぼくのように、差別もなくしたいし、性愛も楽しみたいという中庸なところをみんな選ぼうとするでしょうが。

ぼくがかつて立ててみた抑圧的な〈性別二元制〉という構図は、ある側面から見たときの、ジェンダー、男女関係の像です。でもべつの角度、例えば、そこでの性愛に充実を感じている人たちの目で見たときに、それは必ずしも支配と被支配の構図ではありえません。差別の痛みに囚われているときには、それは抑圧的な像としか見えないけれど、そういう感度がなければ、いくら性愛が差別で成り立っていると言われても、ピンとこないに違いありません。「現実」は一つではないし、そのどちらの像もありうる。また、他にもいろんな像があるし、複数の像がまざって見えることもあるでしょうが、どれが「正しい」のかは事後的にしか確認できないし、その結果も一つの過程でしかありません。別の表現を用いれば、ジェンダーという領域の中にもさまざまな「欲望」が存在し、その利害はぶつかり合うこともあります。差別を解消したいという理想も、性愛を楽しみたいという気持ちも、それぞれの性別役割に充実を感じる感性も、「欲望」という意味では同じです。はじめから優劣があるわけではありません。それは人々の決定によって位置づけられるものにすぎない。

もちろん、誰かが、この社会の性のありようは〈性別二元制〉という力関係になっていて、そこから差別が生じているからやめようよ、性愛も、それにまつわる表現もなくして、性別で構成されているすべての制度を破壊しようよ、という「欲望問題」を立てることは悪いことではありません。ただ、そのビジョンに賛成して、そうだそうだと〈性別二元制〉破壊運動に加わる人たちが増えていかないかぎり、それはある側面から見た像でしかないということになります。

ウーマンリブの提起から三十年以上経て、そうした議論は活字にもなってずいぶん流通したと思いますが、また、言説の領域では珍しくない見方だと思いますが、実際に性別をなくそうと考えている人たちが増えていっているようには見えません。社会的な制度での格差をなくそうとか、男がいばっている態度を改めさせようとか、セックスの自由とか、そういう面での改善は望んでも、男女という区別をなくすべきだという目標への共感はないに等しいと言えるでしょう。

いまのぼくは、〈性別二元制〉自体への懐疑という図式は、ある面での男女の力関係を全体に敷衍した、きわめて乱暴なものだったと振り返ります。性という場にある、他のさまざまな「欲望」を無視して、ある側面の力関係だけにフォーカスして見せるのは、人間の日常に対して抑圧的な二元化だったと思うのです。人の日常の喜び、幸福というのはちっぽけな「欲望」の集積によって成り立っています。その細々としたものを排除して、一つの「欲望問題」に特化した形でとらえようというのは、かえって権力的な物言いだったと反省すべきでしょう。また、そういう方向は人間をけっして幸福にはしないはずです。共産主義や全体主義のなりゆきを見ても、社会を単純な構造としてとらえて、そこから「正しい」ありようを個々の人間に強制する政治は、悲惨な結果しかもたらさなかったと言えます。

話しは飛びますが、区別を抹消することで差別をなくすという発想は、「新世紀エヴァンゲリオン」の人類補完計画に似ています。人類補完計画とは、行き詰まった人類が、個々の人間であることをやめて、人間を単体の生物に進化させようとする、というものでした。それは、個で存在することは、互いの利害がぶつかり合うことであり、「私であること」はそれだけでとても痛いことだから、「私」を全体の中に溶解させてその痛みから解放されよう、という「欲望」のメタファーでした。が、しかし、主人公は最後には、痛みを受け入れても「私」であることに帰着することになります。それこそが人間らしい生だと彼は選択したのでしょう。

ジェンダー関係をよりよくしていく方法としては、折衷案としてではなく、個々の現場でより快のある関係を作っていくことや、自分の求める性のありようを表現していくしかないと考えます。そして必要ならば、新たに社会制度を作ることもあるかもしれない。そうした一つひとつの試みの積み重ねこそ、人々にとって望ましい変化を引き起こすのだと思います。そしてその一つの実践として、あれは差別だ、これは権力関係だと告発することも否定しません。それはぼくらの当然の権利でしょう。しかし、たぶん、性のように人の快楽に結びついている事柄で、倫理的な禁止をいくらいったところで、事態はそれほど変わらないはずです。それよりは「こっちの水は甘いよ」といった感じで、楽しさや気持ちよさが高まるような、何かのプレゼンテーションをしていくことが、もっとも有効だと考えます。それは実際に、ここ数十年の男女関係の変化が証明しているのではないでしょうか。

その変化に対する女性の社会運動の貢献を排除するわけではありません。それも大きな力となったと思います。しかし直接的な影響としてはカルチャーの力はそれ以上に絶大だったでしょう。やはり、人は楽しい方向でこそ、変化していくのです。そして、少なくとも、ウーマンリブが最初に女だって男を選ぶんだと主張して、世間から袋だたきにあった状況とは、現在は大きくかけ離れています。女性は男を自分自身で選べるし、セックスだって自己決定で行えるし、結婚への圧力だって相当に弱まった。逆に、女性たちの声の大きさに、萎縮した男たちは「萌え」の世界に退行しているのかもしれません。あるいは、ゲイをめぐる状況もずいぶんよくなりました。オネエキャラのタレントはブームと言えるほどの人気を博しています。そこにあるのはキワモノ的な好奇の視線だけではなく、ピーコさんや美輪明宏さんのように、日本という国の中で「母」的な地位を占めているような人まで出てきています。それは、男性が女性的であることが否定的、異常なこととしか捉えられなかった時代とは、大きく異なってきたということではないでしょうか。

そうした変化を、ぼくは過小評価できないと考えます。少なくとも、ぼくは、いまの社会が、性差別に満ちていて暗黒の状況だというリアリティは共有しません。もちろん、差別や格差が残っていないなどということはまったく思っていないわけですが。そして政治的に状況が後戻りすることもあるだろうし、改善できる課題はたくさんあると思いますが。ただ、〈性別二元制〉が支配と被支配の組み合わせでしかないとは、さすがに言えないと痛感します。

ぼくが今日、性という現場での「欲望問題」を考えるときに大切にしたいのは、自身の「痛み」に特化してビジョンを立てるのではなく、そこに同様に存在する他の「欲望」に対する配慮や尊重です。自分の痛さを解消したいという「欲望」もそこにあるさまざまな「欲望」の一つにすぎません。他者の「痛み」に耳を傾けることは重要なことですが、お洒落したいことや、恋愛を楽しみたいことと、差別を解消したいことの、何を、どういう優先順位で考えていくべきなのかは、いっしょに検討していくしかない。そこでプレゼンテーションやら交渉やら説得やらが行われる中で、何をどう採用し破棄するのかのコンセンサスが生じていくだけです。だからこそ、高見に立った物言いをするのではなく、あるいは、単純化した構造から現実を裁断するのではなく、人々のちっぽけな「欲望」を掬っていく態度が必要なのだと思うのです。

そしてその結果として、未来、性別区分はなくなるかもしれないし、なくならないかもしれない。それは、人々が一つひとつの「欲望」を取捨選択していった先に見いだされる状況でしかないのです。

ジェンダーとセクシュアリティの変容

最後に、経験的に語ると、性愛におけるジェンダーの持つ意味は変容している、していくように感じます。昔なら、揺るぎない、男と女のアイデンティティがあって、「自然」という感覚のもとにそれは存在していたはずですが、いまはもっと性愛の場面でジェンダーはパロディ的な機能を果たしているように感じます。

それはまさにゲイに顕著ですが、性愛における欲情は（とくに男性の場合）視覚的なジェンダー表象によって引き起こされる傾向があります。異性愛の男性だったら、巨乳だったり、腰のくびれだったり、髪の毛であったり、太ももであったりするのでしょうが、ゲイの場合、筋肉であったり、髪型であったり、ひげであったり、言葉遣いであったり、服装であったり……します。そしてそうした記号を、相手に求めるだけでなく、恣意的に、人工的に自分に施すことで、性愛マーケットでの自分の魅力を高めることができます。そのことは、まあ、特別なことではなくて、女性が流行りのファッションやメイクを追求するのと何ら変わりません。女性のそうした傾向もジェンダー記号を自分に貼付けていく作業ですから。

ただ、男女の場合には、性愛の先に結婚を想定していたり、そのことも含めた幻想が歴史的に堆積していることもあって、記号ゲームが見た目だけでなく、もっとずっと複雑になっています。社会関係がそこに入り込んでいるといってもいい。一方、ゲイの場合、長く、その関係が社会的な文脈から疎外されて、性愛に局在化されていたために、性愛が本当に単純な見た目の記号ゲームになっているきらいがあります。さらに、男同士ですので、見る側と見られる側といった旧来のジェンダー関係の枠に捕らわれることなく、相互に見る見られる存在として向かい合うことになりますから、いっそう、記号ゲームが促進されます。ゲイのルックスや性愛の嗜好が類型化されやすいのはこうしたところに背景があります。

ゲイも個人個人は男性文化の中で育ちますから、むかしは見られる側の感覚はそれほど強くなかった、というより見る立場、目としてしか存在していなかったかもしれません。自分はクローゼットの中に隠れていなければならなかったし、姿を見せることができなければ、見られる性である自意識も育っていきません（それはゲイ雑誌の変遷をたどっていくと確認できることでしょう）。しかし、人は合理と効率を追求していきますから、記号ゲームに参加していくと、見られる存在としての自分を設定していくことで、ゲームの中でより多くの利益を得ることがわかっていきます。ゲイの欲望が社会的に解放されて、当事者の中に自己肯定感が醸成されていくと、ゲームはさらに積極的に追求されることになりますから、ある嗜好に対して自分のジェンダー・イメージを作り上げる態度が一般化していきます。アメリカでは「クローンゲイ」という言葉がありましたが、それはスポーツジムに通って筋肉を付け、髪型を短く整え……といった形でみんなが同じような見た目になっているありようです。

少し前、日本のゲイ・コミュニティでも「イカホモ」という言葉が流通しました。それはいかにもホモっぽいというルックスの人のことで、肯定的な意味合いで用いられています。もっとクローゼットな時代には、ゲイが他のゲイを求める際、「ホモっぽくない人」とか、「普通っぽい人がいい」ということがよく言われました。それは変態じゃない男、「本物の男」への指向でした。既存の〈性別二元制〉の中の〈男制〉への発情とぴったり重なります。しかし、この頃では、「イカホモ」を求める人が増えています。というか、「イカホモ」という言葉は、そういう指向の中で生み出されたものです。

そのことが何を意味するのか。ぼくが考えるに、ゲイの性愛を構成するジェンダーが、「真の男」とは少しズレたところにある像に変容してきているということです。「イカホモ」

が表しているのは、見た目がある類型になっているのは前提ですが――短髪でひげがあってそこそこ筋肉があってムッチリしていてラガーシャツなんかを着ている――自意識の上でも、ゲイであることを受け入れ、それを楽しんでいて、性愛における「男らしさ」がフィクションであることを感覚的に理解しているありようです。つまり、「真の男」と自分の間に隙間、遊びがあるという感性が、そのジェンダー表現にはある。

そこではすでに男であることはマジなアイデンティティではなく、演出的なものとして機能しています。〈性別二元制〉という形はとっているけれど、男という項の内実が以前とは明らかに異なってきているわけです。そして、それはたぶん、女性差別やオネエに対する蔑視を生み出した〈男制〉とは違うものへの変容のように思えます。ぼくの友人に「イカホモ」好きがいるのですが、彼に「なんでそういうタイプが好きなのか」と訊いたことがあります。彼はこう言いました。「雄っぽいんだけど、雌っぽさがあるところ」。どうやら、その友人のセクシュアル・ファンタジーにおける性的対象は、男らしい意匠の裏側に女性性のようなものが織り込まれているみたいなのです。そこに新鮮なものを感じました。これは一つの例ですが、そのように、ジェンダーも、セクシュアリティも更新されていく可能性は想定できるでしょう。

これをもって、自分たちの気持ちよいものを追求した結果、よりよい状況を作り始めている、と言ったら、ぼくは楽観的すぎるでしょうか。しかし、確実に言えることは、ジェンダーは変化するし、禁止という倫理からではなく、楽しみや喜びの中から改編していくことができうるということです。そして、そうしたことはすでに異性愛の中にも起こってきていると思います。ドラマや映画などさまざまな表象を見ると、見る／見られるといった男女の形式は相対的に相互的なものになってきているように感じますし、少なくとも、女性の中には性愛が記号ゲームだという感覚は、少しずつ大きくなっているのではないでしょうか。

しかし、そうしたジェンダーの中身の変容の結果として、〈二元制〉という形式が崩れるのかどうかはわかりません。無産社会の到来を予言する橋爪大三郎氏の言うように、生殖を考えなければ、ジェンダーが〈二元制〉である必要はありません。また、実際に二元的でない性のファンタジーを持っている人は少数存在します。〈二元制〉というのは、必ずしもそうでなければならないものではないけれど、そうであるがゆえにそこから楽しみや快を得る面があるルールと言えるでしょう。野口勝三氏はそれをスポーツのルールを使って説明したことがありますが（『同性愛入門』２００３）、血液型占いや星占いのように、分割線を入れることで生まれる楽しみと同じだと言ってもいいかもしれません（もちろんその陰で不快や痛みが生じることもある）。そこで大切なのは、分割されたそれぞれの項の内実以上に、分割していることが自体なのです。どんな男と女かではなく、男と女に分けられていることから発生する快楽が、二元制の一面です。性愛、セクシュアリティというのはそうした形式によって生まれる快として、少なからずの人々にいまのところ求められているゲームであることは間違いないでしょう。

3章

アイデンティティからの自由
アイデンティティへの自由

「枠付け」からの自由

差別によってもたらされるマイナスには、社会的な不利益だとか、人々の侮蔑的な態度だとか、自分自身に対する否定的な意識だとか、さまざまなものがあります。その中に、被差別記号によって個人が丸ごとからめとられてしまうような「枠付け」というのもあるでしょう。それは、偏見という問題にも関わってきますが、世間が受け取っているところの、その被差別記号に対する認識やイメージが、そこに属する個々の人間存在を規定してしまう傾向です。例えば、女性は男性に比べて能力が劣っているとか、部落は怖いだとか、ユダヤ人は強欲だとか、そういう一面的な見方によって、個別的な人間がそのまま理解される力が働くのです。

ゲイでいえば、誰もがオネエ言葉で面白いことを話しているとか、性的なことばかり考えている……といったたぐいのことになるでしょうか。それは偏った見方ではありますが、そうした理解の中には、人を貶めたり、バカにするようなことばかりではなく、必ずしもマイナスではない要素だって含まれています。ぼく自身は、ある講演会の打ち上げで、生まれて初めてナマのゲイに接したあるおばさまに、「あらぁ、ゲイの方ってさすがお肌も白くてスベスベでキレイねえ」と感動されたことがあります（笑い）。ふつうに考えてみても、ゲイにだって鮫肌の男が含まれていることは想像できると思うのですが、そのおばさまにとっては、ゲイというのは、やはりどこか普通の人とは違った、特別な種族であってほしかったのでしょう。それは反転した差別意識なのかもしれません。

けれど、マイナスの偏見であれ、プラスイメージであれ、人間誰しも一つの属性からだけで自分を推し量られるのは窮屈に感じるわけです。日本人だからといって、いつも日本人としての嗜好や気質で自分が解釈されたら、不満が溜まるのと同じです。とくに、その共同性、被差別記号の負の側面がついて回るマイノリティは、そうした「枠付け」そのものにも抑圧感を強く抱きます。そのことによって、個人としての自分が侵されているような気持ちになるからです。ですので、被差別の当事者には、その被差別記号に対する差別や抑圧がなくなることを望むのは当然のこと、その共同性自体から自分が解かれること、さらにはその共同性が消滅することを目指す方向性が出てくるのも、必然のような気がします。

ぼく自身、かつて、同性愛が解放されることと同時に、同性愛、ゲイというカテゴリー化からの解放が本来なら望ましいと考えていました。とくに初期の著書では、そのような志向が強かったと思います。

ぼくは便宜上、自分のことを「ゲイ」という言葉でカテゴライズしていますので、そのぼくが本を書けば世間の関心はそちらに向くだろうと思います。けれどこの本では結局、そういう「ゲイ」とか「レズビアン」とか、「男」とか「女」とかいう言葉自体からの脱出をテーマにしています。（『プライベート・ゲイ・ライフ』1991）

ゲイ解放をテーマにしたデビュー作の主張からして、共同性やアイデンティティから自由になろうという志向が色濃かったのです。それは部落や在日朝鮮人、障害者の人々の運動の出だしとは異なる、九〇年代にはじまった「遅れてきた運動」ゆえの時代性だったのかもしれません。その三年後に発表したエッセイ集ではその志向がさらに明確になっています。

そう、ぼくらが生きる性愛をめぐる近代っていうのは、欲望の方向性について異様に関心を持ち、それによって人間を区別・差別しようとしたある種、独特な時代だったというわけね。ぼくらの「性」に対する理解はそうしたパラダイムの中で作られたものなのだ。わかった？

…〈中略〉…

えーっとね、ぼくには、オンナのコの友人で〝潮吹き〟のコがいるの。ぼくは性的欲望が同性に向かうから、性的指向という部分でマイノリティなわけだけど、そのオンナは性的身体機能においてマイノリティともいえるよね。セックスのとき、アソコから愛液でもない液体がピューーッと大量に出ちゃう人っていうのは、数の上では少ないって聞くからね（ぼくはあんましオンナの体には詳しくないけど）。まぁ、特異体質とはいわないけど、稀少だということは確かだ。で、現代は、そういう性的身体機能で人間を分類するっていう発想がこの社会にないから、

「ちょっとB子、最近、吹いてるのぉ？」

なんて挨拶代わりにして、冗談としていい合えるけど、これがもし、性的指向なんかより性的身体機能の方がずーっと重要で、その少数派を異常として抑圧する社会状況になったらどうなるのか。〝潮吹き〟か〝潮吹き〟でないかということを何よりも問題視し、そのことによって人間を分類し、差別する。そういう「性」のパラダイムによって構成された文化が成立したとしたら。

…〈中略〉…

テレビではしょっちゅうバラエティ番組の中で〝潮吹き〟ネタが笑いの対象とされ、学校では〝潮吹き〟だと疑われたものは陰湿ないじめに合う。会社で〝潮吹き〟だと

いうことがバレたら、社会的な信用をなくし、いつのまにか窓際に追いやられる……。

みんな自分が〝潮吹き〟だと思われないように戦々恐々として暮らすのだ。

……〈中略〉……

これってなんかへんな話しでしょ。人間の性的な一部の要素を取り出して、それで人格自体をカテゴライズして、差別・抑圧するなんて。

近代になって、ゲイってこういう目にあっているのよっ!

だからぼくはB子にいつもいうの。

「あんたはいいわよねぇ。同じ性的マイノリティでもちっとも苦労もなくて。ただ潮吹いてりゃいいんですものね」

するとあるとき、B子はいった。

「でもさ、そうしたら、フシミさんも世間から押しつけてくる『ゲイ』なんていうラベルをわざわざ自分に貼るのを止めちゃえばいいじゃない? 多様な要素を持つ自分をそんな一言でカテゴライズするなんて無理でしょ」

ウーム、たしかに。ホント、「ゲイ」であることはぼくの人格の、人生の、生活の一部分でしかないもの。しかし、ぼくは首を振った。

「いずれはそういうふうになるのが理想だけど、まだ時機尚早ね。だって、ぼくが『ゲイ』というカテゴリーを降りても、やっぱり世間は、ぼくがオトコと性愛を楽しもうとすれば、後からかならず追いかけてきて、そのラベルを押しつけ、ぼくを抑圧しようとするからね。だから、まだ、当分は『ゲイ』という看板を自ら掲げて、『ゲイ差別』と闘うアマゾネスでいることにするわっ」（『キャンピィ感覚』1995）

『プライベート・ゲイ・ライフ』の文章は、自分自身の感じていた窮屈さと、ポストモダンの風潮の間接的な影響が相まって出てきた言葉で、『キャンピィ感覚』のほうは、もう少し直接的に、ポスト構造主義のジェンダー／セクシュアリティ版であるクィア理論などに輪郭づけられたエッセイだったと思います。どちらも、同性愛者やゲイといったカテゴリーそしてアイデンティティは、そもそも作られたものなのだから、存在しなければならない理由もない。だから本当ならばないほうがいいし、「政治的な闘争の場」としての同性愛者やゲイはありえても、最終的にはそれをなくしていくことに目標がある、という考えが根本にあったと言えます。性別からの解放というテーゼと同様の志向がここにもありました。

実際、現在の同性愛に関する言説空間では、ゲイやレズビアンといったカテゴリーの無根拠化――それは歴史的に構築されたものだ、とか、言語の効果によって事後的に形成されたものだ、といった議論が盛んです。そうしたアイデンティティは反差別運動の過程では政治的に必要とされても、そこから解かれていることが本来的には正しい。なぜなら、アイデンティティがあることによって、個々人の可能性が狭められたり、あいまいなアイデンティティを持つ人がカテゴリーから排除されたり、その共同性によって生じる新たな規範が、そこに属する人間に強要される弊害がある、と考えるからです。

たしかに、脱共同性、脱アイデンティティの論理は、ある共同性に抑圧感を抱いていて、それと自分自身であることとの間に違和感を感じている人には、非常に説得力を持つ。また自分のいる位置を相対的に見せてくれることは、自分を取り巻く構造の眺めをよくするし、少し知的な資質がある人間には、自分が置かれた被差別状況からメタに立てることによる自由がもたらされるはずです。そしてぼく自身そうでしたが、若いときには、「個として○○から解放され、自由であるべき」という物言いは、単純にかっこよく映るものだとも思います。理念や理想に憑かれやすいタイプには、世界市民の理想とか、国家からの自由とかいった志向は、魅惑的に働きかけます。個であること、「私」として共同性から解かれていることが人間にとっての自由そして幸福なんだ、という考え方の根底には、もしかしたら、若い世代が旧世代から自立していくときのメンタリティが反映されているのかもしれません。

アイデンティティの内実の変化

しかし時が経つにつれて、それはまったくの間違いだとは思わないにせよ、それだけでは個であることの捉え方が浅いのではないかと、ぼくには思われてきました。その背景には、時代状況の変化とともに同性愛者、ゲイというカテゴリーに対する感覚の変容がもたらされたことがありました。かつては口にすることもできない呼び名であった「同性愛者」や「ホモ」が、九〇年代以降、徐々に社会的な認知を得るに従って、また、否定的でない情報が質量ともに社会に流通し、当事者の間での自己肯定感の水位が上昇してくるに応じて、単なるマイナスのカテゴリーではなくなっていきました。そして、当事者のネットワーキングが進み、コミュニティと呼んでも差し支えないような、ライフスタイルを共有するものたちの共同性が構築されていくことで、プラスの記号としてさえ意識されていくようになってきています。

ゲイ雑誌『バディ』の調査（2004年）によれば、「次に生まれてくるときもゲイに生まれたいですか？」という質問に答えた1125人中588人が「ゲイに生まれたい」と回答しています。このアンケートは社会調査としては正確なものだとは言えませんが、そういう雰囲気がゲイのネットワークのコアな部分にあることは間違いないでしょう。

アイデンティティという言葉の意味や使われ方は、大衆のレベルでは、全人格を表すもの、ではなく、自分を自分たらしめる属性、自分にとっての自己証明になるような帰属のことでしょう。例えば、誰かが「私は社会学者としてのアイデンティティを持っています」と言ったときに、それを聞いた人は、その人が一日中社会学者として存在しているとも思わないし、ベッドの中で社会学者としてセックスしていると想像しません。社会学者であることはその人にとって重要な要素なんだと解釈するだけでしょう。そのように、アイデンティティの日本での一般語法は、それが自分を表すための中心的な属性を示しても、＝（イコール）その人自身とはなっていないわけです。そしてそんなニュアンスで、ゲイたちも自分のアイデンティティをゲイだと感じてきているし、それを肯定的に捉えるようになってきているのでしょう。

被差別感、抑圧感が強いときには、つねにゲイであることに自意識過剰になっていて、道を歩いていて、「ゲイ」とか「ホモ」という言葉を聞いたら、それが自分に呼びかけられたようにビクッと反応してしまうわけです。そういう末梢神経がむき出しになったようなアイデンティティのありようは、とにかく苦しいものです。そしてそれを拒絶しようとすればするほど、かえって自意識過剰になり、裏焼きされるようにアイデンティティにからめ取られてしまう。それが被差別者に最初に与えられるアイデンティティのありようです。

けれど、ゲイであることへの圧力や緊張が解かれていった状況で、街中で「ゲイ」の言葉を耳にしても、短絡的に自分のことを指しているとは思わないはずです。しかしだからといって、自分が「ゲイ」でないとも感じない。そういう個性、属性の一つを表すゲイ・アイデンティティは、壊れるどころかどんどん浸透していると思います。そして、ぼくが思うに、先のアンケートは、過半数以上がゲイであることにすごく肯定的だと言えるだけでなく、むしろゲイであることに楽しみを見いだしている、と言ったほうがいいかもしれません。あくまでも主観の域を出ませんが、近年では、性的な快楽ばかりでなく、生きる意味や喜びをくみ出すことができる共同性として、あるいは快楽記号として「ゲイ」が機能しはじめているように見えるのです。一つの例を挙げてみましょう。

660万人を超えるユーザー（2006年11月12日現在）を有するということで最近話題に

なっているmixi（ミクシィ）を知っていますか？　いわゆるソーシャルネットワーキングサービス（SNS）というもので、無料の会員制コミュニティサイトです。そこに参加するには誰かの紹介が必要で、加入すると、自分のプロフィールを公開しなければなりません。そういう手順を踏むことで、ある程度相手の人となりがわかるために、匿名掲示板よりは安心して交流することができるようになっています。そこにはゲイの加入者が非常に多いと言われています。見渡してみた感触では、相当数のゲイが参加しているのは事実でしょう。実際、ゲイというキーワードでミクシィ内に存在するコミュニティを検索してみると、５０００件以上がひっかかってきます。ゲイのコミュニティ活動などにおいてミクシィを通じてコミュニケーションを行うことはもはや普通になっていて、すでにゲイ同士の交流の中心は、ゲイバーなどからミクシィなどのＳＮＳに移行したかのような印象すらあります。予測では、最低数万人以上の規模の人たちがゲイという記号でそこで数珠つなぎになっている。

早い段階からゲイの間でミクシィがヒットした理由はいろいろあると思いますが、一つには、会員制というネット空間によって、プライバシーが守られているような錯覚を与えてくれることが、カミングアウトの問題を抱えるゲイの機微に訴えた点。実際には、顔写真を公開した場合には数百万人に向かって自分を晒すことになるわけですが、それでも問題が頻出していない様子なので、自由にゲイであることを開示しながら交流を楽しむことができている実績。匿名掲示板に比べると、相対的に感情的なやり取りにならず、人間的な関係を深めることができる点。見知らぬ人物でも、ある人間関係の網の目の中に存在していることが確認されるので、安心感を持ってコンタクトすることができる点。写真の公開などシステム上のサービス内容が、性的な嗜好によって相手を探すのに適している点……などが挙げられます。

ぼくが注目したいのは、ミクシィ内のコミュニティという場です。ミクシィでは誰でも自分の好きなコンセプト――「漫画が好き」とか「同じ中学校出身」とか「恋人募集」とか――を立ててコミュニティを運営し、参加者を募ることができるのですが、参加資格がゲイオンリーのコミュニティもそこで数多く運営されています。もちろんプライバシーの問題があるためにゲイオンリーとしている面は大きいですし、性的なコミュニケーションが含まれるゆえにそうしているコミュニティも数多くあります。けれど、それとは異なる意味でのゲイオンリーのコミュニティも少なからず存在しています。例えば、歌手の誰々が好きな人が集まるコミュニティといったもので、とくに成員がゲイ（同性愛）である必要はないにも関わらずゲイオンリーにしているところです。

ここではとくに恋人募集するわけでもないし、ゲイでなければその歌手を語れないわけでもありません。同様に「ゲイでバイクが好きな人」とか「ゲイの医療関係者」といったコンセプトのコミュニティも見られます。こうしたコミュニティでは、性的パートナーを探すとか、ゲイとしての問題を共有する、という面ばかりでなく、ゲイという共同性の中でのコミュニケーションを楽しみたい、という意識が働いているように見えます。それぞれのコンセプトとセクシュアリティは関係ないにもかかわらず、ゲイにこだわったコミュニケーションを求めているわけです。つまり、そこにあるのは、ゲイとしてゲイに関わりたいという欲望です。ありていに言えば、ゲイ同士であることが楽しいのでしょう。

もちろん、ミクシィに参加していないゲイもたくさんいますし、ゲイとしてのコミュニケーションに関心がないタイプのゲイも、少なからず存在しています。しかし一方で、ゲイという共同性自体に快を見いだしている傾向も強くなってきているのでしょう。日本のゲイの場合、被差別者としての自意識から出発した政治的な主体が、広く存在しているわけではありませんが、ライフスタイルを共有する主体としてのつながりは、九〇年代以降、強くなっていると思われます。差別や抑圧が軽減するのに伴い、人格全体を包み込むようなゲイとしての自意識、アイデンティティのあり方は変化し、もっとそれは部分的、多様な属性の一つとしての位置づけになりつつあるが、だからといってゲイである意識が解体される方向に向かってはいない、ということでしょう。性に関わるアイデンティティは、その人の全体を覆ってなくても、重要であることには変わりません。

日本人といってもふだん日本人であることを意識せずに生きているわけですが、海外へ行って暮らしたりするとそれを強く実感することがあります。でも、ふだん日本人であることに自意識過剰でないからといって、日本人のアイデンティティがなくなっているとは言えないでしょう。オリンピックがあればそれで盛り上がるし、諸外国との間で政治問題が生じれば日本人として考える。日本人が多様化、個別化しても日本人というアイデンティティが解体方向に向かっているとは言い難いように、ゲイもそうしたアイデンティティとして自分の中に、そして社会の中に広く定着しつつあるようです。

共同性を成り立たせる根拠

だからといってぼくは、ゲイ・コミュニティという共同性を絶対化しようとか、ゲイ・アイデンティティを普遍的なものだと言いたいわけではありません。そうした共同性がなくなっていくのならそれはそれでいいし、ゲイたちがゲイというアイデンティティを必要としなくなれば、消えればいいものだと思います。それに固執しなければならない理由はありません。またゲイのムーブメントの場合、その共同性がなければ生じない利権のたぐいも見当たらないし、そのネタで食べている人間もほとんどいません。が、いまのところゲイという記号、共同性は当事者に強く作用しているように思われます。ミクシィのように参加者が次の一人を紹介するという形でつらなっていく空間の内部でも、その偶発性にもかかわらず、ゲイという記号を媒介としたネットワークがある程度大きな規模で急速に形成されていってしまうところを見ると、そういう共同性を求める「欲望」が当事者の間で広く存在しているということでしょう。

そうした流れとは別に、先に述べたように、ゲイというアイデンティティや共同性をフィクションとする議論も盛んです。ぼく自身かつてセクシュアリティの相対化の仕事に力を注いでいました。たしかにゲイというアイデンティティは近代に構築されたものかもしれないし、ゲイとストレート、トランスジェンダーの間にはあいまいな領域が存在しています。しかしそれをもって、共同性をすべて否定してしまうのなら、ぼくらの生を意味付けている多くのものを否定することになりかねません。先に取り上げた男／女といったカテゴリーもそうですし、日本人もそうでしょうし、社会学者とか、アスリートとか、家族とか……そういったものも、いくらでも構築されたものだとすることは可能ですし、当然、境界もはっきりしていない。しかし人間というのは共同性からまったく独立した存在としてはありえないし、たぶんそれを足場にしていなければ幸福でもないでしょう。

ぼくが思うのは、人間は、さまざまな共同性に足場を置きながら、それとの一体感を味わったり、違和を感じたり、楽しみを得たり、そこでの規範に抑圧感を抱いたり、帰属を変更してみたり、帰属先を改革してみたり……といった存在でしかありえないということです。元々、ぼくらは言語でコミュニケーションをせずにはいられない動物ですし、それをせずには生存することも叶いません。言語はまさに共同性の産物です。言語や共同性を成立させた根幹には、共感の必要性があったのでしょう。ぼくらは他者と共感することで快を得、生存の条件を得てきた。

チンパンジーと人間の遺伝子は数パーセントしか違わないそうですが、それにわざわざ切断線を入れて、自分たちをホモサピエンスに分類している時点で、ぼくらがすでに共同性の中に位置する存在であることを示しています。人間は、たぶん人間という共同性においてしか個を感じながら生きることもできないし、そもそも個は共同性との相関の中で生みだされる意識なのかもしれません。そして、同一性を見いだすことによってしか人間のコミュニケーションは成立しないし、それを保証するものは、やはり、何らかの共同性でしかない。

とすると、それをいくら否認してみてもしかたない。問題は共同性とかアイデンティティといった同一性それ自体ではなく、それがどういう同一性であるのかといったところに行き着くでしょう。そこに過度な規範の押しつけがないか、とか、そのカテゴリーに属することがその人個人の可能性を閉じ込めていないか。また、カテゴリーとカテゴリーの境界にセンシティブな意識が働いているのか、他のカテゴリーに対して無用な敵愾心や、排除の意識に捕らわれていないか……というふうに、その具体的なありようが問われます。ゲイの場合でも、ゲイという共同性に与えられた偏見を変更していくことが大切なのはもちろんのこと、ゲイ・コミュニティといったものを立てたときに生じる不可避な規範が、成員に抑圧的に働いていないかどうかを検証していくことは必要だと考えます。

しかし、カテゴリー間の境界に存在するあいまいな人々に対して、境界線が暴力的に働くから、とか、共同性の規範によってそこに属する成員の中にも違和感なり抑圧感が生じているから、といった理由だけでは、その共同性なりアイデンティティは否定できないでしょう。それを解体すべしとする「欲望問題」は、その共同性の中からエロスを汲み上げたいという「欲望問題」に先験的に優先するわけではないからです。これまで述べてきた通り、そのプランが人々によって承認され、採用される過程をたどらなかったら、「正しかった」ことにはならない。もちろん、それは単純にその場での多数決で決まるという意味ではなく、ある程度時間の幅を持った多数決か（広い意味での）政治という交渉を通じて、合意を形成していくということです。必ずしも多数決か「正しい」わけではありませんし、明らかな過ちを犯してしまうことだってあるわけですが、そのやり取りを通じて互いにとって納得のいくプランを作っていくしか、共通の利益を探し当てることはできません。ですから「共同性解体」のプランを出すことは悪いことではないけれど、人々がそれを求め、必要とするかぎり、そこに存在する不満だけを根拠に共同性を絶対的な悪とはできないのです。

とはいえ、先にも少し触れましたが、すでにある共同性が絶対的に「正しい」わけでもなければ、永遠に不滅のものでもないでしょう。そのことはこんな例からもわかるはずです。ぼくの友人に、ゲイのコミュニティ活動に熱心に取り組んでいる人がいるのですが、彼は部落の出身者でもありました。たまたまそれを知って、ぼくは、彼が差別問題にも意識が高い人だということもあり、こんな質問をしてみました。

「部落差別の問題とか、部落のコミュニティ活動のようなものには関わってないの？」

「それはあんまり興味がないんだよね。もちろん差別の問題としては興味がないわけでもないけど、ゲイのイベントを手伝ったり、ＨＩＶの啓発に関わるような気持ちで、部落の活動に参加しようとは思わない」

「どうして？」

「うーん、ゲイのほうが面白いし、自分自身に近いことのように感じるからかもしれない」

ここでのプライオリティは、彼の感性に導かれた結果でしかないし、従って、同じダブルマイノリティの人でも、ゲイには関心が持ちづらいが部落の問題は切実に感じる、という人もいることは想像に難くありません。ただ、元々非選択的に帰属することになった共同性であっても、あるものはその人に深く必要とされ、あるものはとくに必要とされるものではない、ということはあると言えます。ぼくの友人にとっては、ゲイであることは人生の意味をそこから汲み出せる源泉だったけれど、部落民であることはそういうことではなかった。そう考えると、その共同性が継続していくものかどうかは、それを必要と感じる人々がどれだけいるのかに関わってくるでしょう。

印象が一方的になるのもどうかと思いますから、別の例も出しましょう。部落問題の著作などを執筆されている角岡伸彦氏の言葉を紹介します。以下は、以前彼に、部落という共同性は差別がなくなっても必要なのか、といった趣旨の質問をしたときの応答です。

……「どのような条件をそろえたら、部落問題は解決するのか?」という解放運動の命題ともいえる問いに、いままでの部落解放運動は明確な解答をだせていないと思うんですよ。この難題を掘りさげていくと、「社会的な差別が消滅するさい、部落民というアイデンティティの持ち主もまた、この世の中から消えてしまうのか?」という疑問にいきつく。ぼく自身は「部落/部落民は残ってもいい」と考えているんですね。ただし条件があって、「あそこにはおもしろいイベントがたくさんあるから、部落に住んでみたい」「部落民にはおもしろいひとがいっぱいいるから、友だちになりたい」と外部のひとびとが思えるようになったときに、ほんとうの意味で部落問題が解決したことになるんじゃないかと思うんです。

……〈中略〉……

……ぼくはもう部落民として育ってきてしまっているんです。いきなり「もうやめます」というわけにもいきませんし、それになんだかんだいっても部落解放運動の残してきたものは大きいと思うわけですよ、よくも悪くもね。部落解放運動は終わってもかまわない。あくまでも「ぼく自身がやりたいこと」ですから。（『クィア・ジャパン』VOL・4、2001年）

角岡氏の物言いにはどこかすっきりしない感じも残りますが、政治的な闘争の場としての部落カテゴリーが終わっても、それが生に意味を与えるものになりうるのなら、その共同性は残るし、自分もそこに関わりたい、と言っているのではないでしょうか。反差別の拠点としての役割りが終わってしまえばなくなる共同性もあるかもしれないし、その後も人々に生を豊かにするための場として残るものもある。果たして、部落民という共同性がどのようになっていくのか、現在、どれくらいそれを必要としている人たちがいるのか、それは増えているのか減っているのか。ぼくは第三者ですし、研究したわけではないのでわかりませんが。

ゲイの場合、それがセクシュアリティ、性に関わるものとしてより強く必要とされる傾向があるように思います。現在では、ゲイという記号は、性愛のパートナーを求めるときに、効率的に作用するものとして機能しています。ネット上のゲイの掲示板では、セックスパートナー募集のメッセージを書き込めば、まるで魚河岸のようにどんどんその場で引き取り手が見つかっていきます。ゲイ・コミュニティにハッテン場という風俗があるのですが、それは嗜好による細分化が進んでいて、自分の好みのタイプの相手と、自分のようなタイプを好む相手が容易に結びつくことができるシステムになっています。要するに、ゲイというのは、快楽記号として男性同士の性愛の結びつきに有効な指標となっている。前にそのことを宮台真司氏に話したところ、感心したように「快楽の共同性」と命名してくれました。

そして、ゲイはまだ被差別記号としての意味合いも強く残っていますし、多くの異性愛の人たちが結婚をして家庭を作っていく中では、人生を共に生きていく仲間をゲイ共同性に求めていく志向もあると思います。あるいは、現在、性感染症であるＨＩＶ／エイズがゲイの中で感染を拡大していて、それに対する危機感がコミュニティ意識を醸成している面を無視できません。加えて、ゲイ・コミュニティという中間共同体が、個と社会を仲介する媒介としての機能も果たしているようにも見えます。そこそこ被差別性を帯びた共同性を差し挟むゆえに、茫漠とした社会の中で他者と集い、共感を得ることができる、ということです。例えば、レズビアン＆ゲイパレードにボランティアで参加しようとするゲイは少なからずいるのですが、そういうメンタリティを持った人たちは、政治的な意志ばかりでなく、意味供給の場としてゲイ共同性を利用しているように見えます。

コミュニティ活動や、ハッテン場や、ゲイメディアなどさまざまな場で、日々ゲイという共同性をめぐる動向を肌で感じているぼくは、いまではそれを解体すべきものとも、抑圧的な記号だとも思っていません。もちろんゲイ＝自分ではありえませんし、ゲイ共同性の中のある種の傾向や指向に違和感をもたないでもありません。自分自身とそれの間には多少のズレや距離があるのが当たり前ですが、一つの足場として利用価値があると思いますし、自分にとっては大きな人脈資源だと実感するのです。ここ数年、ぼくは、ゲイだからゲイ・コミュニティに属する、という見方ではなく、自分が豊かな人生を歩むのに、ゲイ・コミュニティというフィクションをいかに創造し、それを利用するのかというスタンスに移行していきます。ここで言うゲイ・コミュニティとは同性愛の欲望を持つ人たちの場というよりは、同性愛という縁でつながった人々が意識的に作り上げる空間、と言ったほうがいいでしょう。縁を通じて、自分自身が選び取った関係性の延長線上にある共同性です。せっかく性愛の場面を含めて、同じ立場を切実に共有してきた人たちなのだから、今後もいっしょに人生を協力していこう、という感じでしょうか。

マイノリティに正義があるとはかぎらない

『X-MEN』という映画の大ヒット・シリーズがあります。舞台は近未来。人間社会の中に、遺伝子の突然変異によって「ミュータント」という特殊な能力を持った人々が現れ、社会不安を引き起こしている、というところから物語は展開します。「ミュータント」には、テレパシーの能力を持つもの、金属を自由に操れるもの、触れた相手の生命力やパワーを吸収しコピーできるもの、嵐などの天変地異を引き起こすもの……など様々いて、周囲から偏見を持たれ、迫害にあってきました。彼らの中には、人間との共存を図っていこうとするグループ、逆に人間を支配しようと企てるグループが存在し、人間の中にも「ミュータント」に敵対する人、融和を求める人たちがいます。それらの対立や抗争、協調や共生がこのシリーズのドラマを成しているのです。ここにはさまざまな問題が映し込まれています。

まず、共同性というものは、ともすると対立や排除を生み出しやすいという点。

「ミュータント」というのは生まれたときにからだに「ミュータント」と記されている人々ではなく、ある特異な能力が顕現するとそのように名指しされるカテゴリーです。その能力は、それまで人間が人間に対して想定していなかったものですが、人によって能力の種類もさまざまですし、その力の強弱（レベル）にもばらつきがあります。「ミュータント」もみんな同じではない。

ところで、よく考えてみれば、過去、人間社会に出現してきた天才たちだって、特異な能力を持っていたとも言えるわけです。凡人にはないその力によって人類に貢献もしたし、災禍ももたらしてきました。例えばアインシュタインは、世界に新しいビジョンも与えたし、原子爆弾のようなリスクも産み落としたわけです。彼だってある種の「ミュータント」と言えなくもないでしょう。だとしたら、「ミュータント」と天才、そして「ミュータント」と人間の間は、あいまいな境界を持って地続きになっていると言うのが正確でしょう。

それを無理やり仕分けし、分断し、排除することによって、「ミュータント」というレッテルやアイデンティティは生み出され、その結果、マイノリティの共同性は形成されることになりました。一度輪郭づけられた共同性は、対立を招きやすいものです。「違う」ということは好奇ばかりでなく、場合によっては敵愾心を互いに煽り、不安は疑心を増幅する傾向を持ちます。迫害にあった側も、恨みを抱かずにはいられないし、自分たちが傷つかないために攻撃に出るケースも少なくありません。『X-MEN』では、差別されたものの「痛み」や不利益を人間社会を征服することで克服しようとする「ミュータント」たちが、力のあるマグニートーを中心に結束します。

一方で、この物語には、「ミュータント」だからと家庭や社会から排除された子供たちを、保護し、教育する学園が出てきます。それを主宰するチャールズは強力なテレパシーを持つ「ミュータント」ですが、人間社会と「ミュータント」を共存させることに力を注ぎます。「X-MEN」という名は、チャールズのもとで、人間社会との融和を図るために尽力する「ミュータント」たちが自ら選び取った呼称、アイデンティティです。彼らはマグニートー一派の野望を打ち砕き、どうにか人間と「ミュータント」の共生を可能にする道を探ろうとします。

ぼくは以前別の本で、この物語を、マジョリティ（人間）対マイノリティ（ミュータント）という構図で読み解いたことがあります。

ぼくがこの映画を面白いと思うのは、ここに描き出されたものが、現実社会におけるマイノリティ（少数派）とマジョリティ（多数派）の関係の風刺になっているところです。ミュータントというのは、今のところ人数も少なく、こころない人々から迫害も受けるということで、明らかに、実在する少数者のたとえになっています。その権利の確立をめぐって、それを推し進めようとするものと反対するものが激しく争うという政治対立も、今ある社会の縮図といえるでしょう。

……〈中略〉……

たしかに、ミュータントたちは思春期になって、親の知らないところで自分の中にある資質に気づき、親や周囲の偏見にさらされながら、いかに自由を実現していくのかという苦悩を経験します。その姿は、現実の同性愛者の抱える生きがたさに近いものだといえるかもしれません。彼らも、思春期にたった一人で自分の内にある傾向に気づき、親や世間の者たちの無理解に囲まれながら、その人生を選択していかなければならないのです。自分自身の本当の欲望を周囲に打ち明けるべきか、異性愛者のふりをして暮らしていくべきなのか……。

……〈中略〉……

「X-メン2」の中で、チャールズの学校に学ぶボビーという少年が、敵から逃れて仲間とともに実家に戻るシーンがあります。そこでボビーは初めて親兄弟に自分がミュータントであることを打ち明けます。すると母親は困惑して、おびえるように聞き返すのです。

「ふつうになることはできないの？」

まるで彼が悪いことをしているかのように。

ミュータントに関してさしたる知識も持たないお母さんにしてみたら、まさか自分の息子がそんなたぐいのものだったなんて信じがたいということでしょう。それは親の世代の限界ということで必ずしも非難できませんが、そういう対応をされた子どものほうは深く傷つくだけです。好きでミュータントに生まれてきたのではないのに、そういう自分を生んだ親にまで疎まれるのですから！

これなど同性愛者が親などにカミングアウトするとよく遭遇する反応とかわりません。彼らは自分自身に何の過失もないのに、周囲に、自分の指向をいけないもののように否定されてしまうのです。「異性を好きになることはできないの？」「ふつうになる努力をしなさい」と。

……〈中略〉……

そもそもマジョリティ（多数派）には、マイノリティ（少数派）を社会の片すみに追いやろうとする傾向がないとはいえません。自分たちにない特徴を持っていたり、生き方を異にする少数者たちに、寛容さを示すどころか、その違いを蔑視するのです。

ミュータントのように直接、人類の脅威になるような能力を持っていなかったとしても、大多数と違うということだけで、人は自分と違うものを排除したり、憎んでみたりするところがあります。

それは未知のものに対する不安の裏返しなのかもしれないし、自分自身に自信のないことの顕れなのかもしれません。たしかに、ぼくらは自分に予測ができない事態に陥ったとき、心は動揺し、恐れを抱くことがあります。一人で暗い夜道を歩いているとき、急に何かが目の前に現れたときのことを想像してみてください。そんなときは思わず声を上げてしまうかもしれません。場合によっては、恐怖のあまり、こちらから攻撃に出てしまうこともないとはいえないでしょう。

だからこそ、マイノリティ（少数派）であることは、ときに、人々の無理解を超えて、隔離収容や、弾圧の的になることさえあるのです。人は、よく知らないものに対しては容易に心を開いたりしないし、自分たちが多数を占めていたとしても、よほど恐れを抱くものなのでしょう。（『さびしさの授業』２００４）

この文脈では、マジョリティはマイノリティに対して偏見を持っていて、一方的に排除している、という展開になっています。多くの差別問題を見れば明らかなように、そういう傾向は様々な場面にあることですが、しかし、もっと深く考えてみれば、マイノリティだからといって、その存在のありようがそのまま認められるべきだということにはなりません。この有限な地球という空間を共有していく上では、お互いがなるべく自由に、自分の欲望を追求していくことが望ましくても、その利害が対立することはままあるからです。

例えば、壁を通り抜けることができる「ミュータント」が、その能力を使って空間を移動すれば、容易に他人のプライバシーを侵害することになります。また、空を飛ぶことができる「ミュータント」が許可なく飛行機の空域を飛行すれば、航空機事故にもつながりかねません。あるいは、天変地異を起こすことができる「ミュータント」が、周囲への配慮なくその能力を使えば、農作物に被害が出るかもしれない。「ミュータント」というマイノリティに生まれてしまったことには罪がないにしても、「ミュータント」として生きることは、すでにそこに生きている人たちとぶつかり合うことにもなりかねない。としたら、マイノリティだから受け入れられるのが当然、という理屈は単純には成立しないでしょう。大事なのは、どういう条件を成立させることで、お互いがこの空間の中で共存できるのか、を探っていくことでしかない。

人間社会という「欲望問題」が、「ミュータント」という「欲望問題」に優先されるわけではありませんが、「ミュータント」という「欲望問題」もすべて「正しい」とも言えないのです。人間社会には人間社会の、それまで積み重ねてきた合理性も意味もあるのだから、

「ミュータント」の利益からしたらそれは自らを抑圧することに思えても、それを全否定する権利は一方的にはない。逆に、人間社会が、それまでのルールから外れてしまう存在を頑迷に受け入れない権利も、普遍的にあるわけではありません。

『X-MEN』に見る共同性の未来

しかし、利害が衝突してしまった共同性と共同性の対立をほぐすことは容易ではないでしょう。過去をすべてリセットして、せーの！で1からルール作りができれば話は簡単ですが、現実は、すでに存在する政治力学や、既得権益、過去の対立によって生まれた怨念によって、解決は遅々として進まないのが常です。それが政治というものの難しさなのでしょう。そうすると、現実の困難に苛立つ頭の中では、そもそも「人間」とか「ミュータント」といった共同性が存在するから問題が解決しないのだ、「人間」も「ミュータント」もその境界はあいまいだし、ある力関係から分断されて生じたカテゴリーでしかない、という思考が魅惑的に思えてくるものです。そして観念の世界では、その2つのカテゴリーがいかに時代や状況によって作り上げられたものかを暴き立てることで、二項対立を簡単に抹消することもできるでしょう。

けれど、利害の衝突＝痛みがあるから、それを生じさせているところのカテゴリー自体を抹消してしまえばいい、というのは短絡的だと言えます。もしその「痛み」の一方で、その共同性から生きる意味やエロス（心地よさ）を汲み上げる人々がいるとしたら、そのことは悪なのでしょうか？「痛み」を解消することだけが正義なのでしょうか？

シリーズ第3作『X-MENファイナルディシジョン』では冒頭、社会は「人間」と「ミュータント」の融和に向かっています。政府には「ミュータント省」なる組織もできて、「人間」と「ミュータント」の共存が図られていた。しかし、キュアという「ミュータント」を「人間」にする薬が開発されることで、その平和はもろくも崩れ去ります。キュアの開発自体は、「ミュータント」をすべて人間化させるためになされた策謀ではなく、科学者の探究心や善意によって実現したようですが、その効果はいろいろな勢力を刺激したのです。当然のごとく、「ミュータント」を抹殺しようとする「人間」の保守勢力によって利用されますし、薬の開発自体が「ミュータント」を否定し攻撃する行為だ、と捉えるマグニートーの勢力も対抗しようとします。

これは、同性愛の「治療」といった問題にも通じるパロディです。けれど、ある状態を別の状態に変化させようとするのは、それ自体は悪とは言えません。そもそも病気を治すという行為はそのようなものですし、美容整形だってある状態を別の状態に変化させる試みです。同性愛に関して、その科学的な原因論や「治療」を持ち出すことが当事者の反発を招くのは、それが強制的になされることを警戒されるからでしょうし、同性愛というありようを否定されるような不安を与えるからです。すでに同性愛の人生を歩んでいる人たちにとっては、それは自分を否定されるような感覚も呼び起こすでしょう。しかし、もしその治療が一つの選択としてありうるのならば、それを選んではいけないと言う権利は誰にあるのでしょうか？

『X-MEN』でもキュアに対する反発は「ミュータント」の社会を二分します。キュアの治療を受けて人間化しようとする「ミュータント」を、裏切り者呼ばわりする「ミュータント」の活動家たちも登場します。たしかに、多数を占める「人間」と少数派の「ミュータント」の力関係を考えたとき、キュアを用いることは、「ミュータント」を撲滅しようとする勢力を利することになるかもしれませんし、「ミュータント」という生き方自体を否定する思想にもつながりかねません。ある政治力学の中では、「ミュータント」という共同性の首を絞める可能性だってありうる。それは事実でしょう。

しかし、少数派でいることを「痛み」として感じ、その差別を解消しようとするのと同様に、多数派になることを良しすることを悪とする根拠はありません。人はそれが自分にとって快と感じるからこそ、そちらに自分を持っていこうと考えるわけです。それを、共同性の多数の方向性と異なるからといって否定するのであれば、社会の中で多数派が少数派を抑圧するのと同じ構図がそこに生じることになるだけです。こういう規範は共同性の持つ悪しき傾向であることは間違いありません。異質なものを差別したり排除しようとするのは、社会といった大きな共同性においても、その中に林立する小さな共同性の中にもしばしば見られる問題です。

しかし、だから共同性自体を否定するしかないんだ、という結論もまた抑圧的に働きます。「ミュータント」でいることをとくにマイナスに感じなかったり、楽しんでいたり、そこに意味を見いだしている人々にしたら、自分の生そのものを破棄することにもなりかねない。むしろ、自分たちの情緒に合わないことを強制されることのほうに不幸を感じるはずです。前の例で言えば、角岡伸彦氏なら、差別を生み出しているところの区別たる部落民であることを捨てなさい、と強要されたら、それに反発を感じるのではないでしょうか。彼にとって、部落民であることは自身の生を意味付けるものとなっているし、そのことから快を得られる面もあるでしょう。だとしたら、単純に差別をなくすために部落民を降りろ、と言われてもそれが自分の人生にプラスになるとは思えないはずです。

『X-MENファイナルディシジョン』には、背中に羽を持ち、空を飛ぶことができる少年、エンジェルが登場します。彼の父親は企業の社長で、息子が「ミュータント」であったことからキュアの開発をはじめます。それはエゴばかりでなく、親としての愛ゆえでもありました。エンジェルも親の気持ちを汲んで、キュアの最初の被験者になることにしましたが、最後の土壇場で、「ミュータント」として生きることを選択します。雄々しく羽を広げ、治療の部屋の窓を破って、空に飛び立っていくのです。

それとは反対の選択をした少女もいます。触れた相手の生命力やパワーを吸収しコピーしてしまうローグです。彼女は誰かに触れると相手を殺しかねない宿命を背負っていました。アイスマンという同級生の恋人がいましたが、心では愛し合えても、ぬくもりを求めれば相手を致命的に傷つけてしまう。そして、そんな自分に対してアイスマンの気持ちが離れていくのではないかと不安を抱えていたのです。事実、ある晩、アイスマンが他の同級生の女の子と逢瀬をしているところを目撃してしまいます。このままでは好きな人に触れることもできず、いまの恋人との関係を発展させることもできない。愛を得るために彼女はキュアの治療を受けて、人間になることを決意します。

この二人の選択はどちらも間違ったものではないでしょう。どちらも自分にとって快と思える状態を求めた結果です。何が快なのか、それを判断している「私」はたしかにさまざまな社会状況によって作られた存在かもしれません。自己決定しているといっても、その感覚は最初からあったものではなく、生育や人生の過程の中で積み上げられてきた結果であり、さまざまな条件から導かれたものであることは間違いない。しかし、差別にしてもそういう「私」の感受性において見いだされたものでした。そうならば、差別を感じることは真実で、快を感じることは虚構だとするのは論理矛盾です。どちらもが「私」において生じた「本当」だと仮定しても差し支えないでしょう（もちろん、その「本当」を検証してみることは必要です）。

『X-MENファイナルディシジョン』のラストで、人間になったローグは「ミュータント」の恋人のところに恐る恐る戻ります。裏切り者と拒絶されるかもしれないと心配だったのでしょう。しかし、アイスマンはそんな彼女を受け入れます。二人の愛は、「人間」と「ミュータント」の区別を必要としなかったのです。そこでは「人間」という共同性も「ミュータント」という共同性も、排他的な関係である必要はなかったと言えます。

そして、「ミュータント」であることを選択したエンジェルは、マグニートー一派に襲撃された父親を救出します。彼は自分を人間にしようとした父親を憎んでいなかったのでしょう。それも一つの愛だったと理解しているのです。父を抱いたままエンジェルは大空に羽ばたいていきます。まるで「人間」と「ミュータント」の未来を象徴するように。異なるもの同士でも、互いに理解しようという気持ちがあれば、共存していくことは可能です。

「ミュータント」であることが「正しい」わけではないし、「ミュータント」でなくなることが「正しくない」わけでもない。キュアにしても、その用いられ方が問題なのであって、選択肢はあるにこしたことがない。複雑な政治状況の中で、ぼくらはそうした根本を忘れがちになりますが、結局は、「私」という感受性を頼りに選択していくしかないし、「私」と「私」をつないでいくことによってしか「私たち」のより良い方向性は拓かれていきません。

さて、ぼく自身はどうなのでしょう。もし同性愛を異性愛にするキュアが開発されたらそれを用いるでしょうか。ぼくはいまの自分のセクシュアリティに嫌悪を抱いているわけではないし、女性と結婚して子育てをしたいという願望もありません。長く付き合ってきた同性のパートナーとの関係に満足しているし、ゲイであることが縁でつながっている人たちとの関係も良好です。ゲイであることはかえって自分の人生を豊かにするきっかけになったと振り返ります。また、ゲイとストレート（異性愛）が共存することは可能だし、共にもっと良い社会を作っていくことができると信じています。ですから、たぶん、キュアによって自分を変えようとは思わないでしょう。ただ、それを強要しようとする力が働いたら、それと闘う決意はあります。

もちろん、自分がそうだからといって、キュアの開発や、それを用いることを望む同性愛者のことを否定しません。その選択が強制でなくなされたものなら、心から祝福してあげるでしょう。そして、そういう人たちが多数になってゲイ・アイデンティティやゲイ・コミュニティが喪失することもかまいません。そのときにはそのときの幸福があるだけです。アイデンティティや共同性は人々を幸福にするためにあるものだし、またそうでなければ、いずれ必要とされなくなっていくでしょう。そのように、ぼくらは一つひとつの「欲望問題」を取捨選択し、その過程を生きていくしかないのです。

ただ、もし、同性愛を異性愛にする薬ではなく、同性愛も異性も好きになる薬が開発されたらどうでしょう。貪欲なぼくはその薬を試すこともあるかもしれません。いまある自分にさらなる可能性が開けるとしたら、それは挑戦してみてもいいような気がするのです。そのときにぼくはゲイというアイデンティティを保っているのか、失っているのかわかりませんが、アイデンティティは変容するし、させてもいいのです。現在、自分が寄って立っているバックグラウンドに愛着を感じつつも、その程度には自分の可能性を開いておくことは大事なようにも思える今日この頃なのです。

❖注1……性的欲求のはけ口として、あるいは集団の空気に流されてレイプ行為を犯してしまったような「性犯罪」では、被害者の痛みへの想像力を養うなどの学習を通じて、再犯率を低くすることは十分可能だと思う。しかし、小児性愛のようにその性行為を促している指向（嗜好）が心の深い水準にあると思われる場合には、自制心を多少高めることはできたとしても、本質的に、指向（嗜好）を変化させることは難しいのではないか。法務省が2006年に発表した「犯罪白書」でも、13歳未満への性犯罪の再犯率は22%にも及び、13歳以上に対する性犯罪の再犯率（9・4%）に比べて著しく高い数字を示している。

❖注2……日本ではまだカミングアウトしている人が少ないために、差別問題が顕在化しないという面もある。また宗教などの原理主義的な背景があれば、差別は明確な意志のもとになされるかもしれないが、侮蔑的な空気によってそれが水面下でなされる場合には、本人が被っている不遇や冷遇が同性愛差別である、と指摘することが困難なケースは多いと想像される。輪郭づけることが難しい性的少数者への差別は、現在でも日本社会にも根深く広範囲に存在している。

本文で述べたように、ここ十数年で相対的に差別や抑圧はやわらいできたとはいえ、現実的には同性愛に悩む思春期の子供は多いし、会社でカミングアウトできるような状況には至っていない。日本性教育協会が行った調査報告「青少年の性行動」（2006）によると、「同性と性行為をすることを「どちらかというとよくない」「よくない」の項目に答えた人は、男子高校生で62・3%、女子高校生で40・7%、男子大学生で43・7%、女子大学生で24%に及ぶ。こうした否定的な見方によって、学校や職場などでの「いじめ」や

「セクシュアル・ハラスメント」は引き起こされていると考えるべきである。

また、深夜の公園（ゲイたちがハッテンするために集まってくる場所）での「ホモ狩り」事件などは、同性愛者を打ちのめすことが犯人の一義的な目的ではないにしろ、同性愛者への差別意識が、金品を収奪する行為や暴力的な欲求の発露を後押ししている。街を歩いていて罵倒されたり、石を投げられるような差別行為がなくても、社会に蔓延する潜在的な差別意識、侮蔑感は、当事者のカミングアウトやライフスタイルの選択にマイナスの影響を与えてきた。

そして、昨今の北朝鮮をめぐる国際情勢の緊迫化など、今後の政治情勢いかんでは、社会は統制的な傾向を持つこともあるだろうし、その中でマイノリティに対する社会の風当たりが強くなることは十分考えられる。歴史の大きな流れとしては多様性が広く許容されていく方向があるとしても、ときに反動的な力が生じる可能性を考えると、政治の動向にセンシティブになっておく必要は当然ある。

今後の運動の目標としては、学校やメディアで同性愛者や性的少数者に対する偏見をなくすための啓蒙活動をさらに押し進めること、同性カップルの法的保障を実現すること、社会にセクシュアル・ハラスメントの一つとして「ホモネタ」等があることを認知させること、職場における性的指向による差別撤廃を法律や企業のガイドラインに明記させること……などが考えられる。

❖注3…… 七〇年代ウーマンリブ運動を主導した田中美津氏は、後年、加納実紀代氏との対談で、ウーマンリブ運動が克服できなかった倫理主義の問題についてこう語っている。

《いや、私たちは男の人たちの運動の中に持ち込まれる全体主義や教条主義が嫌だと思って産声を上げたわけでしょ。その部分はすごく大事だと思った人はイッパイいたわよ。ただそれってものすごく難しい問題なのね。多様性を認めない、異質であることを許さない人たちの国だもの、日本って。私たちだって、それ以外の自分の作り方、人間関係の作り方を知ってこなかったといってもいいと思うのね。
だから「ここにいる女」の矛盾をひき受けていく中で、マル対バツの世界を超えていこうとリブが志しても、とてもじゃないがスッキリなんていかないわけよ。》（「真面目はマジョルカの薔薇で、不真面目はシシリーの花」１９９４）。

田中氏が、これだけ明確な問題意識をもって運動を展開していったにもかかわらず、というか、倫理主義、教条主義の克服こそを主題に運動したにもかかわらず、加納氏が指摘するように、ウーマンリブはそうした傾向を色濃くしていくこととなった。

一方、それから二十年以上を経た九〇年代のゲイの運動の中で、伏見は、キャムプという笑いの戦略によって、運動の倫理主義、教条主義を乗り越えようと主張した（『キャンピィ感覚』１９９５）。また実際、ドラァグクィーンやさまざまな表現者たちによって、ゲイの運動にキャムプは多く盛り込まれたが、にもかかわらず、倫理主義の傾向を払拭することに成功しているようには思われない。

それは、田中氏の言う「お国柄」、社会風土に起因しているだけではなく、反差別運動というものが、その出自における「正義」に拘束される宿命に、理由があるのではないか。本文で述べたように、「正義」の義憤が沸騰しないかぎり運動は始動しない。が、それが「正義」であるかぎり、自分たちを相対化する視点は持ちえないし、他者の利害を繰り込むことは叶わない。運動が「被差別者として」の「正義」を基盤とするかぎり、倫理主義や教条主義との予定調和に抗えないのだ。そしてそのことが運動の腐敗や孤立をも招くことは、歴史の示す通りである。

それを回避するのは、田中氏のような魅力的な個人の力量をもってしても、運動をつねに過程として捉え返していく視点によっても、キャムプのような笑いの力をもってしても困難だ。そこにこそ、「差別問題」を「欲望問題」に読み換えていくことの必要が生じてくるのである。

注4……

１９３２年生まれ。女性と結婚し一男二女を得るが、ゲイバー勤務などを経て、七〇年代から同性愛者の社会的権利を訴えて選挙に出馬する。ＮＨＫの政見放送で、オネエ言葉のまま常識破りな主張をするその姿は、日本中に衝撃を与えた。他にも、自らを「オカマ」と名乗り、雑誌の編集、自著の出版、演劇などさまざまな表現活動を展開。しかしながら、その破天荒な訴えは、当時、当事者の間でも多くの共感を得ることはできなかった。

注5……

上野千鶴子氏もインタビューの中でこのように発言しています。

《……「ジェンダーフリー教育」がとりあげたセクシュアル・マイノリティの人びとが、ジェンダー秩序、すなわち性別二元制から解放された自由な人びとだと、私はまったく思わないということです。ヘテロセクシズムも、ホモセクシュアリティも、トランスジェンダーも、性別二元制のさまざまな効果にすぎません。ジェンダー秩序がなければ、同性愛も存在しないし、トランスジェンダーも存在しない。だからこそ、ジェンダー秩序の解体が、共通の目標になりえます。それを日本語で「男女平等」と呼ぶことがどうしていけないのでしょうか。》(『バックラッシュ』2006)

上野氏の言う通り、同性愛者もトランスジェンダーも性別二元制の中で生まれた欲望です。同様に、その構造の中で生み出されたセクシュアリティには、レズビアンや、女性の異性愛者も含まれます。つまり、フェミニズムが解放しようとしている女性も、その構造の中で、自らの欲望をもって差別構造を支えているわけです。氏は差別を解消するためには性別二元制を解体することが目標になると主張しますが、しかし、共通の目標とするかどうかは、それらの人びとが自分のセクシュアリティを否定し、それを解体することに同意しなければなりません。上野氏自身は、その矛盾をいかに考え、言説的実践以外どのような実践を行っているのか。そこまでを射程に入れて考えていなければ、この議論は論理的に不徹底です。

上野氏は続けてこのように発言しています。

《性別二元制の核にあるのは、男が女と差異化することで、みずからを性的に主体化するというアイデンティティの形成です。ゲイやトランスジェンダーの人たちのなかにも、性的主体化をめぐるミソジニーがあるかどうか、をわたしは疑っています。よって、ゲイとフェミニズムが共闘できるかと問われれば、ミソジナスでないゲイとなら、と私は答えます。こういう発言をすると、ゲイの活動家から強烈なバッシングを受けることになるでしょうが、ミソジナスでないゲイという存在を、私は想像することができません。ミソジナスでないゲイとは、男性性を美化しないゲイということになりますが、お目にかかりたいものですね。》(同書)

「男性性を美化しない」という表現には、いささか上野氏の世代的な感性を感じますが、それが「男尊女卑な思想に共感しない」という意味でなら、そういうゲイは少なからずいます（女性差別的なゲイがいないと言っているのではない）。しかし、もしそれが「男性のジェンダー・イメージに欲情しない」という意味なら、そんなゲイはいないでしょう。そして、同じことは異性愛の女性にも言えるはずです。異性愛の女性も、男性に欲情しているわけだから、それを「美化」しているのだと言われれば、彼女たちもミソジナスになります。しかし、だとしたら、上野氏のフェミニズムというのは、大半の女性さえもその救済対象に含まれないものなのでしょうか。さらに言えば、上野氏自身のセクシュアリティは性別二元制を超越しているのか。もっとも、「もうそっちはアガっちゃいましたから、関係ありません」と言われれば、それ以上は何も言えませんが（笑い）。

さて、上野氏はこの発言の後で、こうも言っています。

《フェミニズムが登場したときから、「おまえたちは、男でも女でもない中性（モノセックス）のクローン人間型の社会をつくろうとしているのか」という批判がありました。しかし、現実のフェミニズムが進んでいったのは、差異の否認ではなく、差異の承認の方向でした。目指すものは、差異にセンシティブ（敏感）な社会の構築です。》（同書）

「性別二元制の解体」と、この「差異にセンシティブな社会の構築」の間がどうつながっているのか、もっと詳細に論じられるべきかもしれません。ジェンダー秩序、すなわち性別二元制の解体とは、性差や、ジェンダー化を否定することではないのでしょうか。もしそうならば、性別という分割線自体もジェンダー化の効果であるわけで、それも抹消しなければならないことになります。あるいは、上野氏の性別二元制の解体構想は、性別という分割線は残す方向なのか。だとしたら、抹消すべきジェンダー（差異）と抹消しないそれとは、何をもって区別しているのか。差異の否認でないのなら、野口氏のようにその仕分けの原理を出していくことをしなければなりません。

保守派の言う「中性化」は、性別を設定しないような社会、そこに男と女というカテゴリーが残っていないようなありようを思い浮かべているのでしょう。彼らも中性化＝差異のない社会とは言っていないのではないか。

上野氏は、男女の記号が残ったとしても性別が特権化されたり、性別を通じて人間を捉えるような認識がなくなったり、あるいは人のありようが性別に還元されることのない社会を「性別二元制が解体された社会」と言っているのでしょう。が、そこに男女という記号がまだ残っているとしたら、その状態になぜ差別がないと言えるのか。差別がないということ以外にそれを「幸福な状態」と考えうる根拠は何なのか。そして、差別をなくすために人々がすでに欲望しているセクシュアリティやジェンダーを放棄する、という前提は、いったいどこから出てくるのか。

やはり、実践としてもよく見えてきません。そういう社会を実現するためには、生まれた子供に性別を与えない戦略も考えられます。あるいは、男女の違いを強調しないよう、実際に学校で男女の着替えを同室でしたり、トイレをいっしょにすることも、方向性として出てきても不思議ではありません。「ジェンダーフリー批判派」は事実をねじ曲げた上で、そういう「事件」をセンセーショナルに喧伝したようですが（事実誤認ならそれは反論されて当然です）、しかし、性別二元制解体を実現するには、それらのやり方は、理論から要請されてもいい。

そして「差異にセンシティブ」ということと、例えば、一部の教育の現場で目標にもされた、男女の違いを強調しないこととは同じなのか、違うのか。君／さんで呼び分けないことは「差異にセンシティブ」なことなのか……どうにもピンとこないのです。

ぼく自身は、性別二元制をベースにした上で、そこで「痛み」と感じられる事柄については「欲望問題」として個別に解消する試みをし、また二元制の枠に収まらない人びとに関しては、例外的な扱いがされるような新たな設定を加えていくことが肝要だと考えています。二元制に収まらない人たちがいるから二元制を解体するのではなく、他の多くの人たちがそれで上手くやっていることは前提として、そうでない人たちも生きやすいような工夫をしていくということです。

そして、二元制を基本にしてそのように改革していった結果、未来、二元制自体が解体することもあるかもしれないし、そうでないかもしれない。たとえ、差別をなくすためにはそれを解体することが論理的に要請されたとしても、極端に言えば、人は差別をなくすことのみに生きているわけではないし、他の欲望のために、差別を生み出すところの差異を維持することだって、十分ありうるでしょう。性別二元制の解体は、多様な欲望を追求する人々にとって、合理的に選択しうるものではありません。

二元制の解体は結果としてある可能性は否定しないが、それが目標ではないのです。ぼくにとっての「差異にセンシティブな社会の構築」とはそういうものです。上野氏のフェミニズムがその方向とは違うのか、もっと具体的に、実現可能な戦術として伺ってみたいです。

やはり、この手の議論はそのあたりがわかりにくいし、論理的にも具体的にも実践がイメージしづらい。理論の外にいる人間には、言説と現実の間が言葉の抽象性の中でごまかされている感じが拭えないのです。「ジェンダーフリー批判派」とそれを薄く広く支える一般の人々の「誤解」は、日常感覚と、理論や活動の言葉がぶつかったところに生まれている、とも言えなくありません。その間のすっきりしなさが、本当のところ、いま問われているのではないでしょうか。

❖注6……「正しさ」は人々の生活実感の集積の中に根拠が置かれる。という考え方は、生活実感の中で差別され、それを告発することになった反差別運動の渦中にいる人たちには届かないかもしれません。ぼく自身、解放運動に関わった当初なら、そんな主張は一笑に付したと思います。しかし、それでも「正しさ」は人と人の間にしかありません。それは本論で述べた通りです。反差別の声を上げた人間は、まずは日常性から離陸するしかない面もありますが、もう一度そこに戻ってきて自分の考えを試す必要があるでしょう。その過程を不断に繰り返さないかぎり、結局のところ、反差別運動は人々の共感を失うことになります。

命がけで書いたから、命がけで読んでほしい

本当のことを言うと、この本はパンクロックです。70年代末に、大御所のロックアーティストたちは反体制をきどりながら実は体制を補完することに堕し、「太った豚」になっていた。そういう欺瞞に対するアンチテーゼとしてパンクは、装飾的、技巧的になり過ぎていたロックを否定し、ビートの効いたサウンドにシンプルな言葉を乗せて歌おうとしました。また、60年代以降、髪が短いのは体制的だということになっていたのに、パンクは一見保守的に見える短髪で登場しました。この本の中のぼくの言葉も、表面上は大人しく、場合によっては保守的にさえ読めるかもしれません。しかし、シンプルな文章に根源的（ラディカル）な問いを突きつけたと思っています。

そしてぼくが否定しようとした「太った豚」は、まさにこれまでのぼく自身であり、その欺瞞であり自己矛盾です。もちろん、ターゲットになっているのはぼくだけではありません。

でも、ぼくにとっては、他人様が反権力を謳いながら権力のガス抜きとして生きていようが、近代を親の仇のごとく否定しながら近代の源泉に寄生していようが、そんなことは実のところどうでもいい。みんな多かれ少なかれ妥協しながら生きているのが、人生というものでしょう。ただ、ぼくは自分のからだ感覚と矛盾するような嘘を吐き続けたくないし、ノーを言い続けることで免責されるかのような世界観に与したくない。それだけです。リアルであることこそが、ぼくのパンクです。

きな臭くなってきた時代の中で、こうしたスタンスの本を世に問うことは政治的にナイーブだ、という批判も招くかもしれません。ただ、ぼくとしてはそういう時代だからこそ、ちゃんと、鎧を脱いで、腑に落ちる言葉で問題を語り合うことが必要だと考えました。また、ジェンダー／セクシュアリティの領域に関しては長く関わってきましたので、こういう立ち位置で、このような主張を発すれば、どんな反発や反応があるのか、どういうふうにバカにされるのかは熟知しています（笑い）。あるいは、ぼくの仕事はある方面ではつねに等閑視されてきましたから、もしかしたら、よくって「保守反動」と陰口をたたかれるくらいの反響かもしれません。が、だまっていれば反差別運動のフロントランナー然としていられるにしても、それでも言わなくてはならないこともあるでしょう。

今回、自分なりに誠実に考えてきたことを整理しましたが、もちろん、思考が未熟なところも、表現が足りないところも多々あるはずです。それについてはぜひとも率直に「バカだ」「わかっていない」と批判していただきたい。ただし、そのときにはどうして「バカ」なのか、「わかっていない」のかをわかりやすく、具体的に言っていただければ幸いです。レッテル貼りや罵倒だけで「処理」されるほど、安易な経験からぼくはこの本を書いていません。

いまのぼくには守るべきものは何もありません。地位もなければ資産もない（笑い）。丸腰の自分であなたに問うています。不器用な言葉でもちゃんとからだを入れて交わし合いたいのです。樹を見て森を見ない批判ではない、大きなつかみで議論したい。この本で書かれたようなテーマは、いま、実は、たこつぼの中でしか語られていないのではないでしょうか。立場の異なる者同士が向かい合っているようにはとてもじゃないが見えません。だから、そのきっかけになるよう、ぼくがこの身を差し出しましょう。そこでそれぞれが誠実さを持ち寄って議論してもらえれば、と願うばかりです。

ぼくらは今まさに、上野千鶴子氏自身による以下の言葉を噛み締めることが重要なのでしょう。「実践的な関心から離れて制度的な言説を組織的に再生産するような仕組みを、私たちが作っているのではないかという危険です」（上野千鶴子対談集『ラディカルに語れば…』）

『欲望問題』は、ぼくの思考と経験の、いまのところの到達地点です。ここに至るまでには優れた先達から（勝手に）多くを学びました。赤川学、上野千鶴子、加藤秀一、小浜逸郎、竹田青嗣、田中美津、中野翠、橋爪大三郎、宮台真司、吉澤夏子……の各氏からはご著書を読む度に多大な影響を受けました。野口勝三氏には今回とりわけ多くの示唆をいただきました。ここで提出された論理の多くは彼との議論の中で輪郭づけられたと言っていいでしょう。またポット出版の沢辺均氏は、著者と編集者という関係以上の「同志」としてこの本を世に出してくださいました。同様に、編集の那須ゆかり氏にも的確なサポートをいただきました。この場を借りて、皆様に心より感謝申し上げます。

そして、この本をいま差別と闘っている多くの仲間と、多様な社会を願うすべての人に捧げます。

＊本作は人間学アカデミーの講演録（2006年2月4日、2月18日、3月4日）を元に再構成し、書き下ろしたものです。人間学アカデミー　http://www.itsy.net/academy/
＊本文の引用については初出年を記しました。

という［饗宴］』（伏見憲明著、ポット出版、2005年）：p361／初出『現代性教育研究月報』2004年4月号、財団法人日本性教育協会】

p117……「ヒトは性で進化した」古市剛史×伏見憲明【所収『性という［饗宴］』（伏見憲明著、ポット出版、2005年）：p177／初出『現代性教育研究月報』2003年6月号、財団法人日本性教育協会】

P129……「レズビアン／ゲイ・スタディーズ」野口勝三【所収『同性愛入門［ゲイ編］』（伏見憲明編、ポット出版、2003年】

p134……『プライベート・ゲイ・ライフ』（伏見憲明著、学陽書房、1991年）【所収『ゲイという［経験］増補版』（伏見憲明著、ポット出版、2004年）：p566】

p134……『キャンピィ感覚』（伏見憲明著、マガジンハウス、1995年）【所収『ゲイという［経験］増補版』（伏見憲明著、ポット出版、2004年）：p526-527】

p151……「部落・女性・在日・同性愛／契機としてのマイノリティ」松江哲明×渋谷知美×角岡伸彦×伏見憲明【所収『性という［饗宴］』（伏見憲明著、ポット出版、2005年）：p397／初出『クィア・ジャパン』VOL.4（伏見憲明編著、勁草書房、2001年）】

p157……『さびしさの授業』（伏見憲明著、理論社、2004年）：p86-92

p172……『平成18年版犯罪白書』（法務省法務総合研究所編、国立印刷局、2006年）

p172……『青少年の性行動　わが国の中学生・高校生・大学生に関する第6回調査報告』（財団法人日本性教育協会、2006年11月）

p174……「真面目はマジョルカの薔薇で、不真面目はシシリーの花」田中美津【所収『かけがえのない、大したことのない私』（田中美津著、インパクト出版会、2005年）：p33／初出「インパクション」89号、インパクト出版会、1994年11月】

p174……『キャンピィ感覚』（伏見憲明著、マガジンハウス、1995年）

p175……「不安なオトコたちの奇妙な＜連帯＞——ジェンダーフリー・バッシングの背景をめぐって——」上野千鶴子【所収『バックラッシュ！　なぜジェンダーフリーは叩かれたのか?』（双風舎編集部編、双風舎、2006年）：p398、407】

p184……『上野千鶴子対談集　ラディカルに語れば…』（上野千鶴子編著、平凡社、2001年）：p245

究月報』2004年4月号、財団法人日本性教育協会】
p095……「国分寺市「人権講座」問題　性差否定より過激な上野教授」【「世界日報」2006年1月31日】
p099……「「無出産社会」到来で性別は無意味になる」橋爪大三郎×伏見憲明【『性の倫理学』(伏見憲明著、朝日新聞社、2000年)：p118-119】
p100……「ジェンダースタディーズを最初から作り直す」野口勝三×伏見憲明【所収『性という［饗宴］』(伏見憲明著、ポット出版、2005年)：p362／初出『現代性教育研究月報』2004年4月号、財団法人日本性教育協会】
p104……「運命の赤い糸＝恋愛遺伝子の謎」山元大輔×伏見憲明【『現代性教育研究月報』2002年11月号、財団法人日本性教育協会：p11】
p106……「ジェンダーと自己決定の困難」江原由美子×伏見憲明【所収『性という［饗宴］』(伏見憲明著、ポット出版、2005年)：p295／初出『現代性教育研究月報』2003年5月号、財団法人日本性教育協会】
p107……「ラディカル・フェミニズムの向こう側」吉澤夏子×伏見憲明【所収『性という［饗宴］』(伏見憲明著、ポット出版、2005年)：p331／初出『現代性教育研究月報』2003年3月号、財団法人日本性教育協会】
p108……「男性差別のない社会へ」瀬地山角×伏見憲明【所収『性という［饗宴］』(伏見憲明著、ポット出版、2005年)：p276／初出『現代性教育研究月報』2002年10月号、財団法人日本性教育協会】
p108……「性教育・ジェンダーフリー問題のいま」村瀬幸浩×伏見憲明【所収『性という［饗宴］』(伏見憲明著、ポット出版、2005年)：p344-345／初出『現代性教育研究月報』2003年8月号、財団法人日本性教育協会】
p111……「性教育・ジェンダーフリーを批判する」小浜逸郎×伏見憲明【所収『性という［饗宴］』(伏見憲明著、ポット出版、2005年)：p346-348、351／初出『現代性教育研究月報』2004年2月号、財団法人日本性教育協会】
p113……「「ジェンダーフリー」言葉巡る論争過熱　講演中止の事態も」【「朝日新聞」2006年3月23日朝刊】
p113……「ジェンダースタディーズを最初から作り直す」野口勝三×伏見憲明【所収『性

p048……「シンポジウム・「伝説のオカマ」は差別か」野口勝三他【『「オカマ」は差別か――『週刊金曜日』の「差別表現」事件（伏見憲明他著、ポット出版、2002年）：p76】
p052……『被差別部落のわが半生』（山下力著、平凡社新書、2004年）：p108-109
p054……「シンポジウム・「伝説のオカマ」は差別か」野口勝三他【『「オカマ」は差別か――『週刊金曜日』の「差別表現」事件（伏見憲明他著、ポット出版、2002年）：p79-80】
p078……「ここがよく出る！　七つの論点」小山エミ＋荻上チキ【『バックラッシュ！　なぜジェンダーフリーは叩かれたのか？』（双風舎編集部編、双風舎、2006年）：p371】
p080……「シンポジウム「ジェンダー」の何が問題なのか」【『「ジェンダー」の危機を超える！　徹底討論！バックラッシュ』（若桑みどり・加藤秀一・皆川満寿美・赤石千衣子編著、青弓社、2006年）：p180】
p082……「部落・女性・在日・同性愛／契機としてのマイノリティ」松江哲明×渋谷知美×角岡伸彦×伏見憲明【所収『性という［饗宴］』（伏見憲明著、ポット出版、2005年）：p399-400／初出『クィア・ジャパン』VOL.4、伏見憲明編著、勁草書房、2001年】
p083……「対談　男の友情！」勢古浩爾×加藤秀一×伏見憲明【所収『性という［饗宴］』（伏見憲明著、ポット出版、2005年）：p318-319／初出『クィア・ジャパン』VOL.4、伏見憲明編著、勁草書房、2001年】
p085……『ザ・フェミニズム』（上野千鶴子・小倉千加子著、筑摩書房、2002年）：p188、241-243
p088……「ジェンダー・トラブル　アイデンティティの攪乱はどこで、どのように…」竹村和子＋上野千鶴子【『上野千鶴子対談集　ラディカルに語れば…』（上野千鶴子編著、平凡社、2001年）：p166-167、169-170、209】
p092……「上野千鶴子東大教授の国分寺市「人権に関する講座」講師の拒否について、これを「言論・思想・学問の自由」への重大な侵害として抗議する」抗議文より抜粋（呼びかけ人――若桑みどり、米田佐代子、井上輝子、細谷実、加藤秀一、2006年1月）
p095……「ジェンダースタディーズを最初から作り直す」野口勝三×伏見憲明【所収『性という［饗宴］』（伏見憲明著、ポット出版、2005年）：p363／初出『現代性教育研

引用・参考文献

p009……「性を大切にして生きる」針間克己【『季刊セクシュアリティ』No.24（エイデル研究所、2006年）：p146-147】

p017……『女という快楽』（上野千鶴子著、勁草書房、新装版2006年、初出1986年）：p13

p022……『仮面の告白』（三島由紀夫著、新潮文庫、1950年／初出　河出書房、1949年）：p201-202

p023……『禁色』（三島由紀夫著、新潮文庫、1964年／初出　新潮社、1951年）：p78

p027……『プライベート・ゲイ・ライフ』（伏見憲明著、学陽書房、1991年）【所収『ゲイという［経験］増補版』（伏見憲明著、ポット出版、2004年）：p584-585】

p029……『プライベート・ゲイ・ライフ』（伏見憲明著、学陽書房、1991年）【所収『ゲイという［経験］増補版』（伏見憲明著、ポット出版、2004年）：p579】

p030……「対談：日本文化とセクシュアリティ」浅田彰×松浦理英子【『ジェンダー・コレクション　性と性差のあいだ』（朝日新聞社、1994年）：p51】

p031……『ぼくのゲイ・ブームメント91-94』（伏見憲明著、1994年）【所収『ゲイという［経験］増補版』（伏見憲明著、ポット出版、2004年）：p460】

p034……「二丁目の人気者がついにパレード実行委員長に!　おかべよしひろさん」【所収『クィア・ジャパン・リターンズ　vol.0』（伏見憲明編著、ポット出版、2005年）：p109】

p041……「伏見ゲイ新聞」vol.6、vol.8【所収『ゲイという［経験］増補版』（伏見憲明著、ポット出版、2004年）：p144、152-153／初出『バディ』テラ出版、1999年9月号、11月号】

p043……「TBSに天ちゅうを!」伏見憲明【所収『ゲイという［経験］増補版』（伏見憲明著、ポット出版、2004年）：p467-468／初出『薔薇族』第二書房、1993年12月号】

p047……『バディ』2002年1月号（テラ出版）

伏見憲明
ふしみのりあき

作家。1963年東京生まれ。
武蔵野音楽大学付属高校・声楽科卒。
慶應義塾大学法学部卒。
1991年、『プライベート・ゲイ・ライフ』（学陽書房）でデビュー。
独自のジェンダー／セクシュアリティ論を提出し、
状況にインパクトを与える。以後、ゲイムーブメントの先駆けとして
メディアにしばしば登場し、全国を講演などで駆け回る。
2003年には、初の本格小説『魔女の息子』（河出書房新社）で
第40回文藝賞を受賞。
著書に
『さびしさの授業』（理論社）、
『男子のための恋愛検定』（理論社）、
『ゲイという［経験］増補版』（ポット出版）、
『性という［饗宴］』（ポット出版）
『＜性＞のミステリー』（講談社現代新書）ほか多数。
編集長として
『クィア・ジャパンvol.1〜5』（勁草書房）、
『クィア・ジャパン・リターンズvol.0〜2』（ポット出版）を
手がける。

伏見憲明公式サイトにて「欲望問題」プロジェクト始動!
http://www.pot.co.jp/fushimi/index.php

書名——————欲望問題
副書名—————人は差別をなくすためだけに生きるのではない
著者——————伏見憲明
編集——————沢辺均／那須ゆかり
デザイン————沢辺均／山田信也
発行——————2007年2月1日［第一版第一刷］
定価——————1,500円＋税
発行所—————ポット出版
150-0001 東京都渋谷区神宮前2-33-18#303
電話 03-3478-1774 ファックス 03-3402-5558
ウェブサイト http://www.pot.co.jp/
電子メールアドレス books@pot.co.jp
郵便振替口座 00110-7-21168 ポット出版
印刷・製本————株式会社シナノ
ISBN978-4-7808-0000-5

YOKUBO MONDAI
(Desire Problem) :
Only to lose discrimination, the person doesn't live.
by FUSHIMI Noriaki
First published in Tokyo Japan, February 1, 2007
by Pot Pub.Co.,ltd.
#303 2-33-18 Jingumae Shibuya-ku
Tokyo, 150-0001 JAPAN
www.pot.co.jp
books@pot.co.jp
Postal transfer:00110-7-21168

ISBN978-4-7808-0000-5

書籍DB●刊行情報
1 データ区分——1
2 ISBN——978-4-7808-0000-5
3 分類コード——0095
4 書名——欲望問題
5 書名ヨミ——ヨクボウモンダイ
7 副書名——人は差別をなくすためだけに生きるのではない
13 著者名1——伏見憲明
15 著者名1読み——フシミノリアキ
22 出版年月——200702
23 書店発売日——20070201
24 判型——四六判
25 頁数——192
27 本体価格——1500
33 出版社——ポット出版
39 取引コード——3795

本文●ラフクリーム琥珀・四六判・Y目・71.5kg (0.130)／スミ
見返し●マイカレイド・黒・四六判・Y目・110kg
表紙●ベルクール・山吹・四六判・Y目・95kg／スミ
カバー●ファインカバー・四六判・Y目・123kg／TOYO CF 0189＋マットスミ
帯●ファインカバー・四六判・Y目・123kg／TOYO CF 0382
はなぎれ●45番（伊藤信男商店見本帳） スピン●4番（伊藤信男商店見本帳）
使用書体●イワタ明朝＋PGaramond ゴシックMB101 中ゴシックBBB 太ミンA101 見出しミンMA31 見出しゴMB31
もじくみかな 游明朝体 游築五号仮名 游築初号ゴシック仮名 築地活文舎五号仮名
Goudy PFrutiger PGaramond 2007-0101-2.5

ポット出版

クィア・ジャパン・リターンズ

vol.0-2　伏見憲明責任編集

ゲイコミュニティ、そして一般のメディアにもその先端性が高く評価され話題を呼んだシリーズ『クィア・ジャパン』（勁草書房）をリニューアル復刊。現在、vol.0～vol.2の3冊を刊行しています。

vol.2●生き残る。

メガバンク、エンジニア、トレーダー、高校教員などといったさまざまな仕事の現場で働く13人のゲイへのロングインタビューを筆頭に、それぞれの現場で「生き残る」現実をさぐる。

2006.07発行／定価●1,900円＋税／ISBN4-939015-91-2 C0076／B5変型／208ページ／並製

vol.1●あなたに恋人ができない理由 関係が続かない原因

東京レズビアン＆ゲイパレード写真集つき

欲望の着地点をどこに求めればいいのか。ゲイの性愛、恋愛、パートナーシップについて、語りつくす。大塚隆史、長谷川博史、バー「ISLANDS」ラクさん、小浜逸郎、藤本由香里らが登場。

2005.11発行／定価●1,800円＋税／ISBN4-939015-84-X C0076／B5変型／176ページ／並製

vol.0●Generations/Realities

「槇原敬之」をキーワードに、日本のゲイの多様化するリアリティに迫る。「ブル」こと斎藤靖紀のロング・インタビューなど。

2005.05発行／定価●1,800円＋税／ISBN4-939015-77-7 C0076／B5変型／168ページ／並製

性という［饗宴］　著●伏見憲明

文藝賞受賞で波にのる伏見憲明が、倉田真由美、瀬戸内寂聴、ナンシー関、松尾スズキなど総勢59人との対話のなかに、性の普遍的な問題や自由の本質、現代的抑圧の構造などを探る。わたしたちの「性」を立体的に浮かびあがらせる、すべての現代人におくる、新しい「性的実存」探究の書！

2005.01発行／定価●3,400円＋税／ISBN4-939015-70-X C0095／A5判／560ページ／上製

ゲイという［経験］増補版　著●伏見憲明

現在の混沌とした、愛と、性と、ライフスタイルについて、現代人の生き方指南にして性愛バイブル「ゲイという［経験］」の増補版。1年半で好評売り切れした初版に、ロング対談（伏見憲明×野口勝三）『「ゲイという経験」をめぐって』、中年を迎えたゲイをテーマにした最新エッセイ『曲がり角を過ぎても』の64ページを新たに増補。第40回文藝賞受賞作「魔女の息子」のバックボーンであり、伏見憲明の自伝ともいえる一冊。

2004.01発行／定価●3,500円＋税／ISBN4-939015-60-2 C0095／A5判／672ページ／上製

●全国の書店で購入・注文いただけます。